마음이 넓지 않은 사람이 불안을 대하는 방법

마음이 넓지 않은 사람이 불안을 대하는 방법

초판 1쇄 발행 2026년 3월 12일

지은이 하상인
펴낸이 장길수
펴낸곳 지식과감성#
출판등록 제2012-000081호

교정 이주연
디자인 이현
편집 이현
검수 정은솔
마케팅 김윤길

주소 서울시 금천구 벚꽃로298 대륭포스트타워6차 1212호
전화 070-4651-3730~4
팩스 070-4325-7006
이메일 ksbookup@naver.com
홈페이지 www.knsbookup.com

ISBN 979-11-392-3104-5(03810)
값 16,800원

지식과감성#
홈페이지 바로가기

마음이 넓지 않은 사람이

불안을 대하는 방법

하상인 에세이

사소한 걱정에 흔들리던 마음이
글 위로 조용히 내려앉는 순간들

자화상

들어가는 글

올해로 글을 쓴 지 10년이 넘었다. 나는 그사이 소설, 자기계발서 그리고 나의 업무와 관련한 책까지 총 9권을 썼다. 대다수는 내 돈을 들여 출판한 책들이 많기 때문에 출간은 그리 어려운 일은 아니었다. 그렇게 9번째 책을 마무리하고 이제 10번째 책을 시작해야 할 시점에 나는 에세이를 써 보겠단 생각을 했다.

특별한 이유가 있는 건 아니었다. 하지만 부인할 수 없는 부분은 어떤 분야든 10년을 하면 성과가 나온다고 하는데, 나에게 있어 특별히 성과라고 부를 만한 뚜렷한 기록이 없다는 사실이 어느 정도 영향을 줬다는 점이다. 여기에 하나 더 덧붙이자면 진심이 아닌 '가식'과 '꾸밈' 대신 조금은 담담한 말투로 평소 내 생각을 풀어보면 어떨까란 마음도 있었다. 그간 제대로 기록해 보지 않은 내 생각의 방향성을 살펴볼 수 있는 건 덤이다.

그래서 이 에세이를 쓰면서는 지난 시간을 되돌아볼 기회가 많았다. 그 때문인지 행정사 사무소를 운영하면서 쉬운 말보다는 있어 보이는 표현을 하며 '아는 체'를 했고, 단 한 번도 주목받아 본 적 없었지만 '작가'라는 이름으로 불리길 원했다는 점을 인정할 수밖에 없었다. 이대로라면 삶의 끝자락에 섰을 때 '난 이런 인생을 살고 싶었던 건 아닌데.'라는 말을 분명히 할 것만 같았다.

열심히 살아왔다고 생각했는데 그 방향이 내가 원하지 않는 곳을 위한 것이라면 참 허무한 일이 될 것이다.

에세이를 쓰며 여러 감정이 들었고, 동시에 부끄러우면서도 나를 더 이해할 수 있게 됐다. 그래서 이 글을 읽는 누군가에게도 단순히 '이 사람은 이런 생각을 하며 사는구나.'를 넘어 누구라도 글쓰기를 한다면 자신을 더 이해할 수 있겠단 생각이 들었다. 그래서 이 에세이는 글쓰기에 대한 나의 생각과 태도에 대해서도 일부 할애하여 담아보았다.

부담 없이 읽어가면 좋을 것 같다.

브런치를 통해 글을 연재하고 있으므로 더 궁금한 마음이 든다면 브런치에 '하상인'(brunch.co.kr/@hasangin21)을 검색해 봐도 좋겠다.

목차

3. 지나가는 생각

4. 반성

1.

글쓰기 인생의 시작

첫 책의 시작

나는 브런치에 〈글재주 없는 남자가 사는 법〉이라는 제목으로 에세이를 쓴 일이 있다. 에세이를 써 본 적이 없다 보니 에세이는 이렇게 쓰는 게 맞는지, 이걸 에세이라고 할 수는 있는 건지 고민이 되었다. 원래는 브런치에 연재하고 글이 어느 정도 쌓이면 이것을 책으로 내고 싶은 마음이었는데, 쓰면서도 느꼈지만 이 글은 책으로 묶어 내기 힘들 것 같았다. 오랜 시간 글을 썼지만 무명인 사람의 이야기를 주된 내용으로 하고 싶었는데 쓰다 보니 자기계발서를 읽는 것 같은 기분이 들었기 때문이다. 이는 낙담할 때마다 나를 돌아보며 쓴 글이 많았기 때문인 것 같다. 게다가 누구든 유명하고 잘나가는 작가의 글을 읽고 싶어 할 것이란 생각 때문인지 스스로도 내용에 검열을 심하게 하여 에세이답지 못한 부분도 있다.

예를 들면 이런 식이었다.

'첫 소설을 집필한 과정을 써 보면 어떨까?'

→ 택도 없는 소리. 누가 그걸 읽고 있겠냐. 차라리 읽었던 책에서 했던 좋은 이야기나 써. 그럼 최소한 실용적이기라도 할 것 아니냐.

이런 식으로 접근하다 보니 사실 지금도 에세이인가에 대한 의문은 있다. 물론 덕분에 이렇게 글을 더 쓸 기회가 생겼지만.

지금의 나는 글을 잘 쓴다는 소리까지 듣는 건 아니지만, 글쓰기에 부담을 갖고 있진 않다. 꾸준히 쓰고 또 글쓰기에 재미를 느끼고 있기 때문이다. 물론, 처음부터 그랬던 건 아니다. 심지어 대학교 입학 전까진 거의 책을 읽지 않았다. 그랬기에 학창 시절 한 선생님께서 내게 글쓰기엔 재능이 없는 것 같다는 말도 하셨다. 그래서 대학교에 입학하기 전까지 내 인생에 글쓰기는 없을 것 같았다.

그래도 다행인 것은 대학교에 입학 후 교내 영자신문사 활동을 했다는 점이다. 기사를 작성하기 위해 어쩔 수 없이 책을 읽어야만 했고 일정한 분량의 글을 계속 써야만 했다. 이 시기 읽은 책 대부분 실용서에 그쳤지만, 덕분에 독서하는 습관이 생겼고 글쓰기도 자연스럽게 시작됐다.

하지만 이런 독서와 글쓰기가 책을 쓰기 위한 준비 작업은 아니었다. 당시만 해도 책을 쓴다는 건 전혀 상상하지 못할 일이었고, 내가 대학교를 다니던 때엔 웹소설 등의 플랫폼이 지금처럼 활성화되어 있지도 않았다. 게다가 지금처럼 누구나 책을 손쉽게 쓸 수 있다는 분위기도 아니었다.

적어도 내 기준에선 유명하거나 무슨 특별한 경험이 있어야만 할 것 같은 느낌이었다.

그러다 첫 책 《백만 원으로 호주 워킹홀리데이 다녀오기》를 쓴 것은 정말 우연에 의한 일이었다. 당시 나는 대학교 3학년 학생으로 교내에서 외국인 유학생과의 교류를 위한 모임을 교내 사람들과 함께 운영하고 있었는데, 그때 학교 행사로 해외 체류 경험을 10분 정도씩 발표해야 하는 일이 생겼고, 내가 발표한 호주 워킹홀리데이 경험을 연재하면 좋을 것 같다는 후배의 말을 듣고 집필하기 시작했기 때문이다.

그 당시 나는 후배의 말에 연재는 귀찮으니 차라리 책을 쓰는 게 낫겠다고 말했는데, 말하고 보니 아이디어가 괜찮은 것 같았다. 하지만 경험이 없고 뭐부터 해야 할지 몰랐기 때문에 아이디어와는 별개로 막막했다. 그래서 도서관에서 책 쓰기와 관련된 책을 보며 기획서도 간단히 써 보고 목차도 만들어 보았다. 나름대로 구색을 갖춰보니 최소한의 금액으로 워킹홀리데이를 간 사람이 일자리도 구하고 더 나아가 현지 어학원 인턴 강사까지 한 경험담은 충분히 쓸 수 있을 것 같았다.

그렇게 첫 책을 쓰게 됐고 감사하게도 한 출판사에서 출간해 주시어 세상에 나오게 됐다. 물론 몇 개 안 되는 온라인 리뷰에도 기재되어 있듯 오탈자가 많아서 자랑할 만한 책은 아니다. 하지만 그때의 경험은 평생 가도 잊지 못할 일이었기도 하고 나에겐 소중한 첫 책이기에 개인적으로 큰 애착을 갖고 있다.

첫 책을 쓰고 계약까지 약 3개월 정도 걸렸는데, 그 이후엔 또 책을 쓸 계획이 없었다. 집필이 만만치 않고 소재도 없었기 때문이다. 그리고 나도 3학년을 지나 4학년을 향해 가고 있었기 때문에 먹고살 생각도 해야 했다. 그런데 이 과정에서 진로 선택에 어려움을 겪고 있는 친구들 및 선후배들을 많이 보게 됐고, 그중에는 평소 이 사람이라면 어딜 가서도 잘하겠다고 생각한 사람도 포함되어 있어 당시 나는 상당한 충격을 받았다.

그래서 이 문제가 어디서 비롯되었는지 그리고 어떻게 하면 도움을 줄 수 있는지 고민하게 됐고, 스스로 만든 설문지도 돌려가며 답을 정리해 봤다. 세상은 달라졌는데 진로를 위한 정보는 시대에 맞지 않기 때문이라는 결론이 들어 20대에서 30대 초중반 정도의 나이에 있는 취업자, 창업가, 창직자를 만나 직접 인터뷰를 진행해 필요한 답을 얻으면 좋겠다고 판단했다. 그렇게 시작해 만들게 된 책이 《20대, 20대에게 길을 묻다》이다. 이 책은 물론 내가 기획하고 준비했지만 나는 책을 쓴 게 아니라 엮은 사람이다.

그리고 이 책은 의도가 진로 선택을 위한 정보를 얻기 위한 지출(책 구입 비용)이 다시 학생들을 위해 쓰이면 좋겠다고 생각해 한국장학재단에 기부했다(책이 얼마 안 팔린 것 같아 기부가 됐는지는 모르겠다).

이 책 이후 나는 계속 책을 쓸 것 같은 느낌이 왔다. 이전처럼 특별히 내세울 만한 경험은 없고 좋은 기획도 떠오르지 않았지만 집필에서 오는 느낌이 마음에 들었기 때문이다. 이렇게 시작된 글쓰기가 지금까지 이어져 오고 있다. 지금 나의 글쓰기는 순전히 우연에 의해 시작됐다고 봐도 무방하다.

글을 계속 쓰게 하는 요소

누군가 내게, "글을 잘 쓰는 방법은 뭔가요?"라는 질문을 한다면, 난 여기에 적절한 답을 해줄 수 있는 사람이 아니다. 일단은 내가 글을 잘 쓴다고 생각하지 않고, 잘 쓴 글의 기준은 사람에 따라 조금씩 차이가 있기 때문이다.

대신 누군가 내게, "특별한 보상이 없는데 계속 쓸 수 있는 이유는 뭔가요?"라는 질문을 한다면 여기엔 나름의 답을 할 수 있다. 글쓰기가 주는 재미와 이점이 분명하기 때문이다. 일단 재미는 매우 중요하다. 그렇다고 글을 쓸 생각만으로 웃음이 나고, 비는 시간이면 다른 무엇보다 글쓰기가 생각나는 정도를 말하는 건 아니다. 재미라는 건 이야기를 만드는 것에서도 느낄 수 있고, 긴 글을 쓴다면 글을 쌓아가는 것에서도 느낄 수 있다. 반드시 큰 웃음을 선사하는 그런 재미일 필요는 없다. 대신 부담을 가지지 않도록 할 만한 요소는 있어야 하는데 그게 재미라고 생각한다.

나는 세 번째 책이자 첫 소설인 《정당한 살인교사》를 쓸 때 그랬다. 이 소설은 스릴러 장르의 범죄소설인데, 평소 이런 장르의 영화 등을 보면서 나라면 이렇게 만들어 보고 싶다는 생각을 했고 그걸 반영한 작품이다. 그래서 스토리를 기획한 후 초고를 3일 만에 완성했다. 3일 동안 밖에 나가지도 않고 썼다. 집중해서 쓸 수 있었던 연유는 당연히 재미였다. 이야기를 쌓아가는 과정이 재밌었다. 그랬기에 금방 완성할 수 있었다.

이처럼 계속 쓰기 위해서는 재미라는 요소가 정말 중요하다. 그 외에 글쓰기가 본인에게 이점이 되는 부분이 있다고 느끼면 계속 쓸 수 있다. 모두가 꼭 책을 만들기 위해서만 글을 쓰지 않는다. 홍보를 위해서도, 브런치와 같은 플랫폼에 자신의 생각을 공유하기 위해서도 충분히 쓸 수 있다. 그럴 때 쓰는 이야기들이 자신에게 어떤 의미가 있는지를 생각해 보면 도움이 된다.

나를 설득하는 글쓰기

나는 여기까지 쓰는 데 별생각을 다 했다. 읽는 사람이야 15분 정도면 읽는 분량이지만 쓰면서 얼마나 썼다 지웠다를 반복한지 모른다. 이유는 에세이에 괜히 궁금해하지도 않은 책 쓰기 시작 과정을 쓰는 게 아닐까란 걱정 때문이다. 에세이라는 게 어떤 한 주제에 대해 글을 쓰는 걸 말하는데, 내 인생이라는 큰 주제를 두고 쓰면서 그 안에 10년 이상을 함께한 글쓰기는 당연히 포함되어야 함에도 이런 걱정을 한다.

걱정은 글쓰기뿐만 아니라 모든 일에서 사람을 '주저'하게 만든다. 사실 이렇게 해도 될까, 저렇게 해도 될까란 걱정은 남에게 피해를 주거나 법적으로 금지되어 있는 게 아니라면 고민할 필요가 없는 일이다. 그럼에도 고민하는 이유는 이 글을 읽는 알지 못하는 누군가에게 좋은 소릴 듣고 싶기 때문이다.

그런 측면에서 나에게 있어 걱정이란 누군가에게 좋은 소릴 듣지 못할 수도 있다는 가능성을 말하는 건지도 모른다. 하지만 주관적일 수밖에 없는 에세이 같은 글쓰기에 이런 고민의 답을 찾는 건 바보 같은 일이다. 게다가 모두를 만족시키는 책은 없다. 세계적으로 인기를 끈 《해리 포터》 같은 작품도 평점 만점을 유지하는 건 아니다. 호불호라는 건 당연히 있는 것이고, 그에 대한 의견도 글 쓰는 사람이 취할지 말지의 자유가 있다는 전제를 하고 글을 쓰는 게 바람직하다.

여기서도 보이듯 나에게 있어 글쓰기는 스스로를 설득하는 과정인 것 같다. 걱정도 사실 글로 표현하고 보면 몇 가지 안 되거나, 별일 아닌 것도 많다. 심지어 어떤 걱정은 '내가 이런 걸 걱정했어?'라는 생각이 들 수도 있다. 이런 사실을 눈으로 보고 이해하면 더 이상 발목 잡히는 일은 생기지 않는다.

나를 설득하고 나아가는 과정이 글쓰기로 표현되는 것이다. 지금부터의 글은 내가 브런치에 쓴 것들 중 글쓰기, 사는 생각 그리고 반성이라는 카테고리에 어울리는 것들로 묶은 것으로, 자유롭게 순서에 관계없이 읽어 가면 되겠다.

사이글

글을 써야 하는 이유는 내가 찾아야 한다

왜 글을 써야 하는가에 대한 답은 마케팅 업체나 출판사가 주는 게 아니라 본인이 찾아야 한다고 생각한다. 그게 순수하게 재미로 시작한 것이든 자신의 전문 지식을 정리하기 위함이든 본인이 그 이유를 명확히 해야 책이 완성되는 순간까지 달려갈 수 있기 때문이다. 하지만 그 어떤 이유에서든 책에 대한 '책임감'은 필요하다. 언제든 완벽할 순 없겠지만 그래도 책이라는 건 말과 달리(요즘은 영상으로 남기지만) 상대적으로 오랜 시간 보존되며 출간한 후에는 되돌릴 수 없기 때문이다.

너무나도 당연한 이야기라 생각하고 있다면 다행이다. 나는 그러지 못했기 때문이다. 나는 첫 책을 준비하면서 맞춤법의 중요성을 잘 인식하지 못했다. 충분한 실력이 있다고 생각했지만 내 국어 실력은 그에 미치지 못했던 것이다. 그 결과 내 첫 책은 기본적인 부분에서 미흡함이 남은 책이 되었다. 내 책에 담을 이야기만큼이나 맞춤법도 중요하다는 걸 그땐 느끼지 못했다.

나중에 계속 다른 작품들을 만들어가면서 '왜 첫 책에서는 이런 부족한 부분이 많았을까?'라고 생각해 보니 국어 실력에도 문제가 있었지만, 결국은 마음가짐의 차이였다. 첫 책을 쓸 때만 해도 내가 지금처럼 계속 책을 쓰고 있으리라 생각하지 못했고, 당시엔 책을 내 보겠다는 도전에 의의를 두고 있었던 것이다. 그러니 초고를 완성한 후 몇 차례에 걸쳐 퇴고를 진행해 원고의 완성도를 높이는 일이 필요한데, 원고를 일단 완성하면서 느끼는 만족감(책이 될 분량을 썼고 계약을 했다는 점에서)에 더 노력하지 않았다.

내가 만일 재미나 도전에 의미를 두는 정도가 아니라 앞으로 나와 같은 경험을 하려는 사람들에게 도움이 되고 싶다가 목표였다면 어땠을까? 그때도 나름 최선의 노력을 다했다고 하겠지만 아마 완성도는 더 높았을 수도 있다고 생각한다. 요즘은 많은 분량을 쓰지 않고 전자책으로 내는 분들도 많은 것으로 알고 있다. 그래도 일반적으로 '책'은 많은 글자 수를 요구한다. 책을 통해 부수적으로 얻으려는 것들에 초점이 맞춰져 있다면 그 글자 수를 채우는 것조차 힘들지도 모른다. 그래서 스스로에게 '내가 왜 책을 쓰는가?'에 대해 직접 물어 답을 얻는 게 필요하다.

2.

글쓰기에 대한 생각

앞으로 글쓰기는 더욱 가치가 올라갈 것

SNS를 이용하지 않는 사람을 찾아보기 힘든 사회에 살고 있다. 그리고 그 중심에는 사진과 영상이 있다. 블로그를 제외하면 SNS를 통해 제공되는 정보는 영상이 주를 이루고 있고 짧은 글을 담은 사진이 나머지를 채우고 있다고 봐도 무방하다. 영상은 귀로 듣고 눈으로 보는 즐거움이 있지만 글만큼 빠르게 많은 정보를 제공할 수 없다. 하지만 긴 글은 이해하는 데 많은 노력이 필요하고 읽는 도중 집중력을 잃게 된다면 다시 읽거나 혹은 읽더라도 제대로 의미를 이해하지 못하는 일이 발생할 수 있다. 그래서 독서를 할수록 똑똑해진다고 하는지도 모른다.

하지만 요즘엔 독서를 하는 사람이 많지 않다. 글이 길어지면 읽기 힘들어하고 요약된 것은 없는지 찾는 사람도 많다. 평소 책을 많이 본다고 생각하지만, 나도 요즘은 책을 조금 읽다가 금방 핸드폰을 만지며 영상을 보곤 한다. 그만큼 책보단 영상이 재밌고 편하다. 독서는 상대적으로 '불편'하다. 텍스트를 능동적으로 읽어야 하고 그 전체가 무엇을 의미하는지 파악하기 위해 노력해야 한다.

글을 읽는 것도 쉽지 않은데 글을 쓰는 것은 더욱 어렵다. 어떤 주제를 어떤 방법으로 어떤 표현을 사용하여 전달할 것인지를 결정해야 하고, 이를 위해 사용하는 단어에 정확한 이해가 필요한 것은 기본이다. 그리고 여기에 어떤 주장을 어느 정도 분량에 담아낼 것인지까지 고려해 보면 글쓰기는 확실히 어렵다. 게다가 가만히 있는데 어느 날 갑자기 '글을 쓰고 싶다'란 느낌을 받은 사람이 얼마나 있을까. 거의 없을 거다. 글쓰기는 자연스럽게 욕구가 생기는 것도 아니고 쉬운 일도 아니란 뜻이다. 글쓰기가 괜히 사고력 증진에 도움이 된다는 말이 있는 게 아니다.

그런데 참 아이러니하게도 이렇게 글쓰기가 쉽지 않은데 글쓰기 플랫폼은 다양해졌다. 글쓰기가 여전히 필요하고 중요하다고 느끼는 사람들이 있기 때문이라고 생각된다. 여기에 중요한 내용은 여전히 문서로 작성된다는 점까지 고려해 보면, 낮은 독서율과 글쓰기 자체가 갖는 어려움으로 인해 앞으로도 글쓰기는 계속 가치를 유지할 거라 생각된다.

게다가 AI가 글쓰기에 도움을 주고 있다는 점도 글쓰기의 가치를 더하고 있다고 생각된다. AI가 대신 써주기 때문에 글쓰기가 필요 없다고 생각할 수도 있지만, 그 글이 내가 원하는 글이 맞는지 파악하기 위해선 먼저 읽어야 한다. 만일 그 안에 불필요한 부분이 있다면 수정하여 재작성하는 과정이 필요하다. 그렇기 때문에 결국 AI가 써준 내용이라고 하더라도 다시 쓰는 작업이 요구될 수밖에 없다. 글쓰기 능력이 부족한 사람이 AI가 쓴 글을 수정한다는 건 쉽지 않은 일이 될 것이며, 수정하는 데 많은 시간이 소요된다면 처음부터 자신이 쓰는 것보다 못한 일이 될 수도 있다.

문해력과 글쓰기 능력을 갖춘 사람이 점차 줄어들 가능성이 높은 환경과 글쓰기의 수요가 완벽히 사라질 수 없는 점을 볼 때 앞으로 글쓰기는 그 가치가 더욱 높아질 것이라 생각된다.

무시당할 각오를 곁들인 글쓰기

글쓰기에서 가장 중요한 게 뭔지 가끔 고민해 보곤 한다. 아이디어인가, 필력인가, 아니면 쓰는 플랫폼인가. 많은 질문을 해보지만, 글쓰기에서 가장 중요한 건 역시 그냥 쓰는 행동력이다. 상황에 따라 잘 쓴 글과 그렇지 못한 글에 대한 판단 기준이 있지만, 보편적으로 잘 읽히고 주장하는 바가 논리적으로 명확한 글이면 잘 쓴 글이라고 본다.

그런데 이런 잘 쓴 글의 기준을 자꾸 대입하려고 하면 글쓰기를 지속하기 어렵다. 특히 글로 먹고사는 사람이 아니라면 절실함도 부족할 것이기에 쓰려는 작은 열정마저도 사라지고 말 것이다. 그렇기에 나는 글쓰기에서 가장 중요한 건 너무 깊이 생각하지 않고 일단 그냥 쓰는 것이라 믿는다.

'그냥 쓴다고 해서 글쓰기 실력이 늘까요?'란 의문이 들 수도 있다. 이 정도 질문을 하는 사람이라면 최소한 그냥 글을 쓸 사람은 아닐 것이다. 자신만의 목표가 뚜렷한 사람은 높은 기준을 갖고 글쓰기를 시도하는 게 좋다. 내가 말하는 그냥 쓰기가 중요하다는 건, 글쓰기가 절실하지 않지만 취미 정도로 생각하며 계속해 보고 싶은 분들에게 적합한 말이다. 그리고 쓰다 보면 그 최소한의 기준도 점차 높아질 것이다. 분량이든, 내용이든, 주제든 말이다.

'그냥'이라는 말이 붙어 있기에 쉬울 것 같고 일단 쓸 수 있을 것 같지만 그리 쉽지는 않을 것이다. 이유는 '그냥' 쓰기 위해서는 어느 정도 무시당할 각오가 되어 있어야 하기 때문이다. 내가 무심하게 쓰는 글인 만큼 누군가도 무심하게 그 글을 읽을 수 있음을 인정해야 한다는 의미다.

나는 솔직히 '그냥' 쓰기를 하면서도 고민을 너무 많이 한다. 그러다 보니 재미가 없다. 읽는 사람도, 쓰는 나도 말이다. 이유는 글을 쓰면서 날것의 느낌을 보여줘야 하는데 '이런 점은 문제가 될 수 있겠다.', '이런 건 나중에 나의 흠이 되겠다.' 등과 같은 여러 조심으로 글을 깎아버리는 것이다. 사실 이런 조심성이 필요한 경우도 있지만, 내게 있어선 그렇게까지 엄격할 필요는 없는 게 대부분이었다.

그럼에도 조심하는 건, 모두에게 좋은 인상을 남기고 싶기 때문이다. 하지만 모두를 만족시킬 수 있는 사람이 없듯, 모두를 만족시키는 글도 없다. 이것을 인지하는 게 바로 글쓰기에서의 '자유'라고 생각한다.

그러니 글쓰기를 계속하고 싶다면 그냥 쓰자. 무시당할 수 있다는 각오를 곁들여서 말이다.

글로 남긴 추억

대학 시절, 한 친구는 사진 찍는 걸 정말 좋아했다. 나는 사진엔 크게 관심이 없었지만 그 친구가 한 말엔 충분히 공감할 수 있었다.

“어차피 남는 건 사진이야.”

그래서일까. 많은 사람들이 사진을 기반으로 한 SNS인 인스타그램을 좋아하고 이용 중에 있다. 자신의 일상을 공유하고 또 기록으로 남기고 싶은 사람들의 욕구가 반영된 것이라 생각된다. 이와 관련해 나는 과거를 기록함에 있어 사진이 갖지 못한 장점을 갖고 있는 게 바로 글이라고 생각한다.

사진은 그때의 단면을 시각적으로 생생하게 보여준다는 장점이 있지만 당시의 감정 등은 알 수 없다. 그저 사진 속의 내가 웃고 있다면 그때 전후 사정이 어떠하든 ‘그때의 나는 행복했구나.’라고 느낄 뿐이다. 물론, 관련된 에피소드가 떠오르며 그때의 감흥을 제대로 떠올리게 할 수도 있겠지만 시간이 가면 기억은 흐릿해지기 마련이고 때론 왜곡되기까지 하니, 사진 속 자신의 모습과 달리 현재 자신의 상황이 좋지 못하다면 괜스레 우울한 기분을 느낄지도 모른다.

하지만 글은 다르다. 글은 그때의 모습을 시각적으로 보여주진 못하지만 그때의 감정을 자세히 기록할 수 있다. SNS의 관점으로 볼 때, 글은 사진에 비해 인기가 낮기에 누군가에게 보여주기 위해 쓴다는 의식을 많이 하지 않아도 된다. 특히 추억을 기록하고 싶은 사람이라면 글을 잘 쓰지 못하더라도 자신의 감정을 진솔하게 표현하기만 하면 되니 쓰기도 쉽다. 심지어 날짜도 함께 기록되니 사진과 함께라면 더 생생하게 그때의 감정을 떠올릴 수 있다.

나는 가끔 브런치에 쓴 '신혼일기'를 다시 읽어본다. 글을 잘 썼든 잘 쓰지 못한 것 같든 상관없이 그때 내가 어떤 마음이었는지 느껴지기 때문에 써두길 잘했단 생각이 든다. 추억을 사진과 영상으로 기록하는 요즘이지만 그것 못지않게 글로 기록하는 것도 감동이 있다는 생각을 해보면 좋겠다.

예민합니까?
그럼 쓰는 게 좋습니다

불안이나 걱정에서 완벽하게 자유로운 사람은 없지만, 그렇다고 24시간 내내 불안이나 걱정에 시달리는 사람도 없다. 불안이나 걱정이 심한 사람이라도 이 녀석들로부터 잠시 떨어져 있는 시간도 있는 것이다. 보통 나이가 들며 자신에 대해 알 기회가 늘어가면서, 불안과 걱정을 통제하는 법 등을 알게 된다. 그래서 연륜 있는 사람들이 상대적으로 여유 있어 보이기도 하는 것이다.

그런데 나처럼 작은 일에도 예민한 사람은 경험이 늘어가길 기다리는 것이 아닌 조금 다른 방법이 필요하다고 생각한다.

예민한 사람도 사람 나름이겠지만, 예민함으로 지금 당장 일어나지 않은 일에도 불안과 걱정을 달고 사는 사람이라면 뭔가 대책이 필요하다. 내 경험상 이런 사람들은 흘러가듯 살아가면, 여유는 생각도 못 하고 '내 인생 이대로 괜찮은가?'라는 고민에 휩싸여 지금까지 살아온 자신을 부정하게 될지도 모르기 때문이다.

이번 글에서는 나의 경험을 토대로 예민한 사람이라면, 자신을 위해 글을 쓰라는 이야기를 해주고 싶다.

답답한 일이 있으면 친구나 가족들과 대화로 공유하면서 풀어가는 사람도 있지만, 걱정과 불안이 많은 다소 예민한 사람에게는 그건 그리 추천할 만한 방법이 아니다. 대화를 하면 잠시 위안을 얻을 순 있겠지만, 결국 본인이 하고 있던 고민을 한 번 더 스스로에게 들려주는 꼴이 될 테니 말이다. 결국 걱정과 불안으로 빨리 뭔가를 해야 할 것 같은 초조함이, 걱정과 불안의 불씨를 더욱 크게 만드는 일이 된다.

걱정과 불안이 심한 사람에게 있어 말의 가장 큰 문제는, '인상적인 부분'(표현이 격하거나 감정이 실린 부분)에 대한 감상이 오래간다는 점이다. 문제가 되는 일을 해결하기 위해 시간이 필요하다. 그런데 대화는 사안의 전반을 바라보기보다는 예민함을 자극하는 부분들을 복기하여, 결국 대화가 끝난 후에도 자극이 남아 일상에 큰 도움이 되지 않는다.

게다가 그런 대화가 객관적이거나 100% 실현되는 일이 아님에도 불구하고 대화가 반복될수록 예민해지기 쉽다.

그럼 이렇게 물을지도 모른다.

"불안과 걱정으로 일도 손에 잡히지 않고, 가만히 있자니 답답한데 어떻게 합니까?"

맞다.

나도 머릿속으로 불안이나 걱정을 담고 있으면 그게 유튜브의 중간 광고처럼 일상에 예고 없이 찾아와 시간을 빼앗는다. 그래서 가만히 있는 것도 그리 추천하지 않는다.

내가 추천하는 방법은 그걸 글로 써 보는 거다.

가급적이면 종이에 써 본다. 그리고 나서도 그 걱정거리에 대한 감정이 여전히 매우 크다면, 그땐 관련 전문가에게 찾아가 사건 해결에 도움을 받아야 한다. 하지만 그렇지 않다면 쓴 걸 버린다. 어차피 좋은 글도 아니고 두고 기억할 일은 더욱 아니다. 편안하게 내가 일상을 보내고 싶다는 마음으로 쓴 것이니 가볍게 버리면 되겠다.

예민한 사람에게 불안이나 걱정은 '가려움' 같은 증상이다. 서울대학교 피부과 교수로 재직 중인 정진호 교수의 책 《가려워서 미치겠어요》를 보면, 가려움은 여러 복합적인 원인으로 작용하지만, 가려움을 해소하기 위해 긁는 행위가 가려움을 점점 더 악화한다고 설명한다.

예민한 사람에겐 불안이나 걱정을 떠들거나 본인 머릿속에서 시뮬레이션처럼 계속 반복하는 것도 이와 비슷하다고 생각된다. 불안과 걱정을 불러일으키는 원인은 복합적이겠지만, 그걸 '긁는' 행위를 통해 스스로 그 읽을 악화시킬 필요는 없다.

그러니 너무 걱정된다면 한번 써 보는 게 어떨까.

답답할 때 글쓰기

방산 노상진 저자의 책 《운명에 만약은 없다》에는 다음과 같은 내용이 나온다.

"좋고 행복한 일상을 보내는 사람이 명리에 관심 갖는 경우를 거의 본 적이 없다. 힘든 일을 한두 번 겪을 때까지는 자기 의지로 이겨내 보려고 하지만 계속되면 갑자기 불안감에 휩싸인다. 고통은 영원히 끝날 것 같지 않고, 어떡하지 싶은 마음이 들면 그때 불쑥 자기도 모르게 '사주팔자나 한번 볼까?' 싶어진다."

인생이 잘 풀리고 있다면 운명의 이치를 따지는 명리에 관심을 가질 필요가 없다. 해결하지 못할 것 같은 큰 고민이 없기 때문이다. 저자는 명리학에 오랜 시간 몸담았지만, 사주가의 사주풀이를 통해 얻을 수 있는 답은 어떤 사물에 비친 그림자 정도를 보는 것이라고 말한다. 그렇기에 답답한 마음에 사주가를 찾아가 보더라도 완벽한 답을 얻을 순 없다는 것이다.

그럼에도 많은 사람들이 사주가를 찾아 자신의 고민을 묻곤 한다. 답답한 마음을 해소하고 지푸라기라도 잡는 심정으로 답을 기대해 보는 것이다. 하지만 그저 답답한 마음을 해소하고자 사주가를 찾는 거라면 큰 도움이 되지 않을 수 있다. 위의 사주가조차도 우리 자신은 마음을 스스로 조절할 수 없다고 말하기 때문이다.

"매사 마음먹기 달렸다고는 하지만, 내 마음을 내가 조절할 수 없다. 내가 자연과 한 뿌리이기 때문에 시간과 공간이 맞아야 조절할 수 있는 기운이 온 게 된다."

어차피 답을 얻을 수 없고 속마음을 투명하게 비춰 누군가에게 조언을 구할 수도 없다면, 답답함을 글로 써 보는 게 차라리 답이 될지도 모른다. 답답해 죽겠는데 어떻게 한가하게 앉아 글자를 하나하나 적고 있냐는 생각이 들 수도 있다. 하지만 답답한 마음을 이기지 못해 불안하다고 움직이면 실수할 가능성만 높아지지 도움은 안 된다.

운명은 있다고 말하는 사주가조차도 우리가 우리의 마음을 스스로 조절할 수 없다고 한다면, 차라리 그 마음을 내가 한번 살펴보는 건 어떨까. 그리고 그 방법으론 불안으로 이리저리 떠도는 생각을 차분히 글로 적는 방법이 좋을 것 같다.

기회는 기록에서

나도 어떤 면에선 글로 먹고사는 사람이라고 할 수 있지만, 이런 나와 달리 전업 작가로 생계유지 이상을 해내는 분들을 보면 정말 대단하단 생각이 든다. 책을 쓴 초창기엔 나도 작가로서 충분히 성공할 수 있을 것 같았다. 근거는 없었지만 계속 쓰기만 하면 되지 않을까란 막연한 마음이 었다. 그리고 한 5권째쯤 쓸 무렵엔 어느 정도 인지도도 확보할 수 있지 않을까란 생각도 했다. 하지만 막연한 기대가 현실이 되는 일은 없었다.

막연하게 기대했든, 간절하게 기대했든 기대한 결과가 나오지 않았을 때 그 정도만 다를 뿐 실망감은 느낄 수밖에 없었다. 이렇게 한탄하며 아쉬워하는 내게 한 지인은 "글이 우울하니 결과도 우울한 게 아니냐"라며, 나의 실력이 아닌 우울한 분위기가 문제라며 위로해 주기도 했다. 이런 위로에도 불구하고 마음속에서는 '계속 쓰는 게 무슨 의미가 있나.'란 생각으로 고민을 많이 했었다.

그런 고민을 했던 때가 분명히 있었는데, 요즘은 그 당시 기대했던 일들이 하나씩 생겨나고 있다. 지난해엔 강연을 했고, 올해는 소설 부문 심사위원을 했으며, 이제는 내게 글쓰기와 관련해 지도를 받고 싶다는 분이 생기고 있기 때문이다. 답답하게 보냈던 지난 시간에 대한 보상인지는 모르겠으나, 기대한 일들이 하나씩 일어나는 게 너무 신기하고 감사한 마음이다.

나는 이런 일들이, 기록이 가져온 기회라고 생각한다. 지금까지 특별히 더 많은 돈을 들여 책을 만든다거나 광고에 돈을 쓴 적이 없었고 그저 꾸준히 계속 써 왔기 때문에, 이 모든 것이 글로 누적되며 일어났다고 보기 때문이다.

* 기록: 어떤 정보를 갈무리하여 특정 신호로 바꾼 후, 어떤 매체에 남기는 것을 말한다. (위키백과 참조)

내게 써야만 하는 아주 특별한 이유가 있었다면, 지금까지 쓰지는 못했을 것이다. 그저 재밌을 것 같다거나, 의미가 있을 것 같아서, 한마디로 그냥 내버려두기 아쉬운 마음에 썼을 뿐인데, 계속 누적된 글들이 나를 대변해 주고 있었기에 좋은 기회를 끌어당긴 것 같다. 꾸준히 기록하는 사람에게 분명히 기회는 온다.

여기서 하나 해주고 싶은 이야기가 있다. 분명히 기록은 기회를 줄 수 있지만, 꾸준히 해야 한다는 전제가 있다. 나는 앞서 말한 것처럼 써야만 하는 특별한 이유가 있진 않았다. 매년 1권의 책을 쓰겠다는 약속을 친구와 하긴 했지만,

그게 매일같이 써야 하는 이유는 아니었다. 그저 말한 것처럼 가볍게 생각했기에 쓸 수 있었던 것 같다.

그런 점에서 꾸준히 글을 쓰는 데 있어 어려움을 느끼는 분들이 있다면, 그 기록이 기회가 되기 전까지 조금은 가벼운 마음으로 쓸 수 있도록 스스로를 독려해 보면 어떨까 생각한다.

애매한 게 제일 스트레스

내가 고등학교를 다닐 때만 해도 정시 위주의 대학입시가 높은 비중을 차지하고 있었기에 대부분 수능시험에 집중하고 있었다. 하지만 나는 공부를 해야 한다는 건 알고 있었지만 집중하지 못할 때가 많았다. 그렇다고 공부가 아닌 다른 일에 몰두했던 것도 아니었다. 한마디로 공부하는 것도, 노는 것도 아닌 어정쩡한 상태로 시간을 보냈다. 그 당시 차라리 놀았다면, 충분히 놀았으니까 그만 놀고 공부든 무엇이든 다른 걸 시작할 텐데 이건 논 것도 아니고 공부한 것도 아니라서 뭘 했다고 하기도 애매한 상태였다.

이때 내게 큰 울림을 준 문장이 있었다. 이 문장이 아니었다면 아마 계속 스트레스는 받으면서 공부도 안 하는 상태로 고등학교 생활을 마무리했을지도 모른다.
(출처를 밝히고 싶은데 정확히 어떤 책에서 본 것인지 기억나지 않는다. 아마 공부법과 관련된 책이었던 것 같다.)

"사람은 노는 것도 아니고 공부하는 것도 아닐 때 가장 큰 스트레스를 받는다."

한마디로 뭐든 확실히 하지 못할 때 스트레스를 받는다

는 의미다. 사회에 나와 보니 이는 공부에만 국한된 이야기는 아니었다. 글을 쓸 때도 확실히 글에 몰입해 끝까지 써내야 그 글이 조금 부족하더라도 썼다는 느낌이 든다. 글을 쓰면서 아이디어가 떠오르지 않는다는 등의 이유로 다른 걸 했다가 다시 글을 썼다가 이런 식을 반복하면, 그 시간 동안 정확히 뭘 했는지 명확히 할 수도 없을 뿐만 아니라 글의 질도 떨어질 가능성이 높다.

그런 점에서 볼 때 SNS에 글을 연재하거나, 혹은 책 출간을 목표로 하는 사람이라면 태도를 확실히 할 필요가 있다. 긴 시간이 필요한 일인데 그 시간을 쓰는 것도 아니고 안 쓰는 것도 아닌 애매한 상태로 보낸다면, 글은 만족할 수준에 미치지 못할 테고 그저 자신이 잘못 보낸 시간의 증거물만 될 것이기 때문이다. 따라서 자신이 쓴 글에 대한 만족도나 글쓰기로 인해 스트레스를 받고 있는 사람이라면, 자신이 글을 쓸 때 확실히 글에만 집중하고 있는지 그렇지 않은지를 생각해 보면 좋을 것 같다.

지속하기 위한 최소한의 만족감

에세이를 써보겠다며 브런치를 시작한 지도 이제 2개월 정도 됐다(이 글을 작성한 시점은 2023년 12월 6일). 그리고 어제 업로드한 글로 지금까지 브런치에 작성한 글이 100개가 되었고, 많은 조회수는 아니지만 에세이를 시작한 후 어제 가장 많은 누적 조회수를 달성했다. 나는 계속 쌓여가는 글의 힘을 믿는 편이라 지금 당장 결과가 없더라도 꾸준히 쓰는 편이다. 많은 자기계발도서에서 말하는 작은 성과가 쌓여 결국 큰일을 만든다는 걸 믿는다는 뜻이다.

하지만 나도 처음부터 꾸준히 쓰다 보면 작은 성과가 쌓이고 결과도 만들어 낼 수 있을 거란 믿음이 있었던 건 아니었다. 내가 계속할 수 있었던 건 '최소한의 만족감'을 나름대로 정해뒀기 때문이었다.

여기서의 만족은 '이 정도면 충분해, 그만해야지.'라는 느낌의 만족이 아니라, '지금 하고 있는 일이 무의미하진 않네.' 정도의 최소한의 만족을 말한다. 예를 들면, 기간을 정해두고 글을 몇 개 써 보겠다는 목표라든가, 지금까지 달성해 보지 못한 조회수를 달성하겠다는 것으로, 달성했을 때 누가 인정해 주지 않더라도 계속할 수 있게 하는 정도의 최소한의 만족감을 주는 걸 말한다.

나는 이러한 최소한의 만족감이 꾸준히 글을 쓰는 데 반드시 필요하다고 생각한다.

만일 자신이 매력적이게 글을 잘 쓰는 사람으로 꾸준히 수요가 있다거나, 혹은 고전 명작처럼 이미 한번 봤으면서도 다시 찾게 되는 글을 써 둔 사람이라면 최소한의 만족감 같은 건 필요하지 않을지도 모른다. 하지만 이런 사람이 아니라면 일단 어느 수준까진 계속 쓰는 수밖에 없다. 그렇기에 이 시간을 버티기 위한 '자기만족'이 매우 중요하다고 생각한다. 만족할 수 없는데 계속할 수 있는 사람은 별로 없기 때문이다.

나는 에세이를 연재하기 시작할 때 나만의 최소한의 기준을 만들어 뒀다. 올해가 가기 전에 30개 이상 글을 쓰고 조회수도 지난달에 비해 높이자는 것이었다. 다행스럽게도 10월부터 지금까진 계속해서 높아지고 있는 중이며, 이번 글을 통해 에세이도 30개째가 된다.

이 과정에서 지속하기 위해 최소한의 만족감을 느낄 때까지 다른 사람의 글은 잘 보지 않았다. 이미 많은 구독자를 확보하고 소통도 많이 하는 사람과의 거리가 너무 멀기 때문에 그들을 참고하면 최소한의 만족감을 느끼지 못했을 것 같았기 때문이다. 내가 생각하는 자기만족은 최소한의 성장 같은 것이다. 누구든 달라지는 게 보이지 않으면 지속할 수 없다.

꾸준히 글을 쓰고 있는데 눈에 띄는 성장이 없는 것 같아 망설이는 분들이라면, 최소한의 만족감을 느낄 기준을 만들어 보는 것도 좋겠다.

글쓰기에서 생산성을 따지면 일어나는 일

최근 유튜브를 보다가 '갓생'이라는 말을 처음 접하게 됐다. 어떤 의미인지 궁금해 찾아보니, 신이라는 뜻의 '갓(God)'과 인생의 '생'을 합친 단어로, 결과적으로 성공한 삶이 아니라 과정적으로 부지런히 사는 삶을 의미했다(KDI 경제정보센터 참조). '갓생'이란 단어가 있는 걸 보면 결과도 결과지만, 과정을 인생의 한 부분으로 본다는 측면에서 긍정적인 것 같다.

나는 이 단어를 보면서 한때 늘 '생산적'이어야 한다는 마음에서 벗어나지 못했던 때가 생각났다.

어떤 사람들은 '생산적인 게 왜 나쁜가?'라고 생각할 수도 있다. 하지만 문제는 인생에서 어떤 일이 생산성 있는가에 대한 기준이 명확하지 않고, 설사 있다고 해도 시간이 가며 그 의미가 달라질 수 있다는 점이다. 이 때문에 '생산성'에만 초점을 맞추면 비교적 쉽고, 빠르게 달성할 수 있는 일들에 집중하게 된다는 문제가 생긴다. 이는 보편적으로 생산성을 따질 때 시간과 결과라는 두 요소를 배제할 수 없기 때문에 생기는 문제라고 할 수 있다.

그러니 이 두 요소를 기준으로 할 경우, 결과를 내더라도 오래 걸렸거나, 빠르게 끝났더라도 성과를 내지 못한 일이 될 가능성이 있는 경우 생산적이지 못한 선택지가 되므로 확실하게 달성할 수 있는 것만 선택하게 된다. 그래서 나는 더 나은 선택지가 있을 것 같아 하나에 집중하지 못하거나, 매 순간 불안해하며 지냈다.

이런 태도는 글쓰기에서 확실히 문제가 있었다. 글쓰기는 시간을 들여도 결과물이 없는 경우가 많고, 결과가 나온다고 하더라도 수익으로 연결되거나 좋은 평가를 받는 못할 가능성이 있기에 생산성의 측면에선 나쁜 선택지였기 때문이었다. 즉, 글쓰기는 시간으로 보나 결과로 보나 '생산성'과는 거리가 먼 일이었다.

누가 시킨 것도 아니고 내가 선택한 일이었으면서도, 생산성의 잣대를 들이밀며 스스로를 괴롭혔다. 그래서 한동안은 지난 과거에 대한 후회로 시간을 보내기도 했다. 그런데 한참을 후회로 괴로워하다 보니, 글쓰기는 아무런 잘못이 없고 오히려 내가 생산성에 집착하다 보니 이런 문제가 생겼다는 걸 알게 됐다. 그리고 그때 하던 후회도 사실 당시의 나를 받아들이지 못해서 했던 행동이었음을 알게 됐다.

이처럼 글쓰기를 꾸준히 하는 것만큼 자신이 글쓰기에

대해 어떤 생각을 갖고 있느냐도 매우 중요하다. 목표한 글쓰기가 지속되지 못한다면 글쓰기에 대해 어떤 생각을 갖고 있는지 고민해 볼 필요가 있다. 그렇지 않다면 그 자체로도 스트레스가 될 것이고 시간이 지난 뒤엔 더 큰 후회가 찾아올 수도 있기 때문이다.

글이 책이 되면 즐거운 이유

하나의 카테고리로 묶을 수 있는 글이 모이면 언제든 책이 될 수 있는 시대다. 무엇이든 쉽게 만들어질 수 있다는 점은 제작의 측면에선 모두가 공평한 기회를 얻는 것처럼 보이지만, 수익의 측면에선 더욱 까다로운 기준이 적용된다는 의미기도 하다. 그래서 글쓰기에서도 마찬가지로, 자신의 글이 책이 되었다는 사실이 판매를 보장하는 것은 아니다.

처음 책을 내거나 SNS로 인지도를 쌓은 사람이 아니라면 책이 잘 팔리며 인기를 얻긴 어렵다. 소수의 사람들이 찾아주거나 혹은 찾는 사람이 거의 없다시피 하다가 사라질 수도 있다. 그런데 아이러니하게도 이런 어려움 때문에 글이 책이 되면 즐거운 이유가 생기기도 한다.

책을 출간해도 노출되기 어렵고 판매는 더욱 어려운 상황에도 불구하고, 누군가 내 책을 발견하고 구매까지 이르렀으며 더 나아가 여기에 좋은 평도 남겨준다면 이 일이 얼마나 낮은 확률로 이뤄진 것인가를 생각해 볼 때 기분 좋아지지 않을 수 없기 때문이다.

특히 이런 후기를 내가 직접 운영하는 SNS에 남겨주는 분들이 계실 때면 그 행복감이 배가 된다. 사실 이런 경험은 나와 같은 무명작가가 누릴 수 있는 특혜(?)인지도 모른다. 첫 책부터 잘됐던 사람이라면 아마 이런 일이 있더라도 나처럼 좋아하진 않았을 테니 말이다.

필체는 나를 반영하는 거울

요즘은 컴퓨터로 글을 쓰다 보니 손 글씨를 쓸 일이 많지 않다. 나 역시 그렇다. 그럼에도 불구하고 나는 마음이 답답할 때면 가끔씩 펜으로 글을 쓴다. 나는 필체가 예쁘지 않고 흘겨 쓰는 경향이 있어, 내 글씨를 다른 사람들이 잘 알아보지 못한다. 악필이다. 그럼에도 불구하고 펜으로 글씨를 쓰다 보면, 어떤 날은 흘려 쓴 글씨체에서 단단함을 느끼기도 하고 어떤 날은 숨기고 싶은 나를 발견하기도 한다.

이는 내가 특별히 손 글씨를 쓸 때 마음을 반영하고자 노력했기 때문이 아니다. 연구에서도 밝혀졌듯 손을 쓰는 행위와 뇌는 긴밀하게 연결되어 있기에 일어나는 일이다. 많은 문학 작품에서나 현실에서도 감정을 심장이 놓여 있는 가슴에 비유해 묘사하지만, 실제로 우리 감정은 뇌에서 일어난다. 그럼에도 우리가 감정을 뇌가 아닌 심장으로 묘사하고자 하는 것은 감정 처리 회로와 논리 처리 회로가 분리되어 있기 때문이다(브레인미디어, "뇌과학으로 보는 감정", 2013. 5. 23. 기사 참조).

내가 글씨체에 대해 조금 더 예민하게 접근하게 된 건 대학교 1학년 때의 경험 때문이다. 나는 앞서 언급했듯 악필이다. 글씨체 연습을 하는 책자를 사서 써 보기도 했지만 무용지물이었다. 그래서 필체를 바꾸고 싶단 생각도 해보지 않았고 당연히 필체를 두고 좋은 소리 듣긴 힘들겠다고 생각하고 살았다. 그런데 대학교 1학년 때 함께 기숙사를 썼던 친구가 내 글씨체를 두고 난생처음 듣는 좋은 말을 해준 것이다. 단 한 번도 필체로 좋은 이야기를 들었던 적이 없었기에 그때 여러 생각이 들었다.

지금까지 필체를 달리 쓰기 위해 노력한 적이 없지만 친구가 좋은 이야기를 해줘서 그런지 나도 그땐 글씨체가 달라 보이기까지 했다. 돌이켜 생각해 보니 대학교에 입학하면서 처음으로 내 생각대로 자신 있게 살자고 마음먹었던 일이 있었는데 그게 필체에 영향을 준 것 같았다.

그래서 이때 이후 마음이 불안할 때면 일부러 글씨를 천천히 쓰기도 한다. 지금도 가끔은 펜으로 글씨를 쓰고 있다. 내 경험과 뇌과학 연구를 토대로 볼 때 펜을 들고 손으로 글씨를 쓰는 행위는 직관적으로 자신의 마음을 살펴볼 수 있는 방법인 것 같다.

무명작가의 친구들

나는 지금까지 워킹홀리데이 경험담부터 자기계발서(인터뷰), 소설, 전문 서적(행정심판)까지 다양한 장르의 책을 9권 집필했다. 내가 글을 쓰는 걸 싫어했거나 부담스러워했다면 진즉 그만뒀을 일이지만 어찌하다 보니 10년째 해오고 있다. 그런 내게 책 집필에 있어 가장 많은 도움을 주는 존재는 바로 친구다. 첫 책의 시작은 대학 후배의 제안으로 인한 것이지만 이후 기획서를 준비하고 실제 책 내용 피드백은 모두 친구들에게 도움을 받았다. 나는 첫 시작부터 친구들에게 도움을 받은 것이다.

무명작가인 내게 친구들은 자기의 소중한 시간을 내 책의 아이디어 구상 등에 투자해 준 사람들이다. 책을 써 온 시간이 어느 정도 되는 만큼 그 과정에 도움을 준 사람들은 그때마다 조금씩 달랐지만 그래도 그중 많은 지분을 차지하는 사람을 꼽자면 두 명 정도 된다. 한 명은 대학교 친구이고 다른 한 명은 고등학교 때 친구다.

실제로 《그렇게 떠났고 다시 만났다》는 파스타 가게를 하는 고등학교 친구를 돕다가 아이디어와 소재를 얻었다. 당시 파스타 가게를 하는 친구가 저녁 장사에 일할 아르바이트 직원을 고용하고 있었는데, 그 직원이 갑자기 나오지 못한다고 하여 금요일 저녁 장사에 차질이 생긴 것이다. 그래서 오후 6시가 조금 넘은 시각, 근처에 있던 내게 저녁 장사에 잠시 도와줄 수 있냐고 급하게 물어 도움을 주러 가게 됐다.

그곳에서 나는 서빙을 도와줬는데 그때 한 손님들의 이야기를 듣고 아이디어를 얻게 됐다. 그때 친구를 도와주러 가지 않았다면 소재를 얻을 일은 없었을지도 모른다. 글은 물론 혼자 쓰지만, 온전히 자기만의 경험과 상상만으로는 부족한 게 많기 때문에 나 혼자 힘만으로는 책이 나오지 못했을 것이다.

누군가 작가는 인생이란 우물을 퍼내 글을 쓴다고 했다. 그런 이 우물은 작가가 받는 경험과 자극이 있어야 수위를 유지할 수 있다. 이를 위해 작가가 선택할 수 있는 가장 좋은 방법은 신뢰할 수 있는 친구들과의 교류라고 생각한다. 좋은 친구들이라면 쓰고자 하는 의지가 있는 당신에게 "그딴 건 안 된다"라며 칼같이 차단한다거나 의욕을 떨어뜨리는 일은 없을 것이기 때문이다.

글은 혼자 쓰는 것 같지만 꼭 그렇지도 않다.

쓰고 본전도 못 찾는 법

돈을 쓰고도 본전도 못 찾는 경우가 있다. 돈값을 못 하는 일들은 여러 상황에서 일어나지만, 주로 선물하거나 대접할 때 일어난다. 두 행위 모두 누군가에게 감사의 마음을 전하는 것이 목적인 만큼 그 성의가 보이게끔 준비하는 게 좋다. 그리고 이를 달성할 가장 쉬운 방법은 어느 정도 비용을 들이는 것이다. 그런데 이렇게 돈을 쓰고도 본전도 못 찾을 수가 있다. 목적에 맞지 않는 선물을 산다거나 어울리지 않는 장소에서 대접하면 그렇게 된다.

이렇게 많이 쓰고도 본전도 못 찾는 일은 비단 비용(돈)에서만 일어나는 게 아니다. 글쓰기에서도 그저 '많이 쓴' 사람이 되기도 한다. 내가 그저 많이 쓰기만 하는 글쓰기에 의문을 가진 것은 얼마 전, "SNS로 성공한 사람들이 독서를 하는 이유"와 같은 문구를 보면서다. 이 문구를 본 나는 여러 자기계발서에서도 성공과 독서의 연관성을 언급한 책들이 있었기에 스스로에게 이런 질문을 하지 않을 수 없었다.

'나는 몇 년 전부터 매년 100권 이상 독서를 하고 있지만 성공한 것 같진 않은데 뭐가 문제일까?'

꼭 책이 아니더라도 성공한 사람들이 독서와 글쓰기를 한다는 공통점을 발견했다며, 글쓰기 및 생각하기와 함께 '독서'의 중요성을 언급한 곳은 많다. 그러나 난 어느 측면으로 보나 성공한 것 같지 않았다.

그래서 그 이유를 생각해 보니 막연하게 '성공한 사람들이 책을 읽는 습관이 있다고 하니 나도 봐야겠다.'의 마음으로 내 미래를 기대하고 있음을 알게 됐다. 막연하게 읽기만 하면 나도 언젠간 된다는 생각을 한 것이다. 여러 자기계발서에선 그저 책을 읽으라고 하지 않았다. 지금까지 잘못 갖고 있던 생각을 무너뜨리고 잘된 사람들의 사고방식을 만들기 위해 자의식 해체 후 자신과 비슷한 처지에서 성공한 사람들의 책을 보라고 했다. 즉, 책을 통해 달성하고자 하는 목적이 정확히 존재했다.

난 정확한 목적 없이 읽었으니, 그저 많이 읽기만 한 사람이 된 것이다. 많이 읽기만 한 사람을 찾는다는 구직 사이트의 글을 본 적이 있는가? 없을 것이다. 누구도 그저 읽기만 한 사람을 찾지 않는다. 나쁘게 말하면 가치가 없다는 뜻이다. 그런데 그저 읽기만 한 나는 막연하게 '나도 언젠가는 성공할 것'이라고 믿었다.

이는 글쓰기에서도 똑같이 적용된다. 그저 쓰기만 하면,

'많이 쓴 사람'이 되는 것이지, 성공한 작가가 되는 게 아니다. 나는 지금까지 매번 책을 내겠다는 목적으로 썼다. 어떤 사람들이 어떤 글을 좋아하고, 요즘 어떤 글이 잘 팔리는지 등은 생각하지 않았다. 그러니 내가 쓴 글은 많이 팔리거나 많이 읽히는 것과 거리가 멀었던 것이다.

이 때문에 쓰기 전이라면 당연히 무엇을 왜 쓰고 있는지 명확히 할 필요가 있다. 가령 이 에세이의 경우, 지금까지 써 보지 않은 에세이를 만들겠다는 마음과 글과 관련된 경험을 축적해 향후 강연에도 이용해 보겠다는 생각 그리고 많은 사람들이 자신만의 책을 만들고 싶어 한다는 점에 착안해 팔리는 글을 쓰겠다는 목표가 담겨 있다.

스스로에게 지금까지 무엇을 왜 썼는지를 물어 깊이 생각해 볼 필요가 있다. 그래야 얻게 될 결과물과 평가로 그간 자신이 해온 노고를 허무하게 생각하지 않을 수 있다. 돈이든 글이든 쓰기만 해선 본전도 못 찾는다.

책, 너무 기대하지 마

내가 거의 매년 책을 쓰고 있어서 그런지는 몰라도 SNS에 '책 쓰기'와 관련된 광고가 종종 보인다. '책을 쓰면 전문성을 인정받기 쉽다.', '인세 수입이 생길 수 있다.', '마케팅을 하는 데 유용하다.' 등 다양한 이점을 설명한다. 게다가 요즘은 글쓰기 플랫폼도 다양하고 출간의 진입장벽도 낮아졌기에 내 이름으로 된 책을 갖기엔 아주 좋은 시기란 생각이 든다.

자신의 버킷리스트를 하나 이룬다는 마음이나 재미로 해보는 사람이 아니라 정말 출간을 통해 앞서 언급된 것들을 얻고자 한다면 첫 책 출간에 너무 큰 기대를 하지 않는 게 좋다. 솔직히 말하면 이건 책을 쓰는 누구라도 어느 정도 예상할 수 있는 일이다. 출판사에서는 당신이 출판시장에서 성공 가능성이 보인다면, 먼저 출간 제안을 할 것이기 때문이다. 책이 잘 팔린다면 앞서 언급한 이점들은 자연히 따라온다.

게다가 요즘은 SNS를 통해 개인도 인플루언서가 되어 구독자나 팬을 확보해 영향력을 행사할 수 있는 시대다. 책은 만드는 비용도 들지만, 마케팅하는 비용도 무시할 수 없다. 그렇기 때문에 마케팅을 하기 좋은 위치에 있는 인플루언서라면 출간 제안을 받을 가능성도 높고 그 책의 판매도 괜찮을 가능성이 있다. 조금은 슬픈 이야기지만 현실적으로 아무런 영향력도 없고 평범한 개인의 이야기를 출판사에서 비용과 시간을 지출해 가며 다루긴 어렵다.

책을 쓴다는 일이 그리 쉽지 않다는 걸 나도 잘 알고 있다. 그렇기에 어느 정도 보상이 있길 바라는 마음도 충분히 이해한다. 하지만 책을 쓰는 것과 출간 후에 얻게 될 것들은 완전히 별개의 일이다. 그렇기에 나는 앞으로 계속 쓴다는 생각이 아니라면 첫 책을 쓰고 너무 많은 것들을 기대하지 않는 게 좋다.

그러나 이런 기대감과는 별개로 책을 쓴다는 건 좋은 일이 분명하다. 그럼에도 이런 이야기를 하는 건, 첫 책을 쓸 때 뭔가 특별한 일을 했다고 스스로를 과대평가했기 때문이다. 당시의 나는 세상 모든 일은 모두 가치가 있음에도 불구하고 내가 한 일이 유난히 더 가치 있다고 생각했다. 하지만 이건 세상을 아무것도 모르는 풋내기가 하는 생각이었다. 책 쓰는 일은 그저 여러 많은 일들 중 하나이고, 특별해 보인 것은 주변에 글 쓰는 사람들이 없었기 때문이었지 책 출간 자체가 사회에서 특별히 다른 일보다 가치 있다고 여기기 때문은 아니다.

첫 책을 썼다면, 출판이란 분야에서 첫발을 내디딘 것이다. 책을 쓰는 일 역시 우리가 처음 뭔가를 시작할 때와 크게 다르지 않다. 너무 의미 부여할 필요는 없다. 그저 글에서 나타나는 저자의 경험과 매력만큼 사람들에게 조금 더 다가가면서 얻게 될 조금의 이점이 있을 뿐이다. 그렇게 생각한다면 다른 일들과 마찬가지로 첫 책이 기대한 만큼 결과를 가져오지 못하더라도 실망하지 않고 계속 써 나갈 수 있을 것이고 결국 그 깊이가 생기면 원하는 것들을 하나씩 채울 수 있지 않을까 생각한다.

사이 글

무명작가가 일을 병행하면 좋은 점

먼저 제목을 보자마자 화가 났을 수도 있는 무명작가가 있다면 죄송하다는 말을 전한다. 나 역시 무명작가로 그 심정 충분히 이해한다. 하지만 내가 경험해 보니 일 병행도 좋은 점이 충분히 많다고 느꼈다. 물론, 무명작가로 일을 병행한다는 것이 진심으로 전업 작가를 꿈꾸는 사람에게 상당히 괴로울 수도 있음을 모르는 건 아니다.

'조금이라도 더 글쓰기에 집중할 수 있다면!'
'글로만 먹고살 수 있다면!'
'….'

글로도 충분히 먹고산다면 혹은 유명 작가가 된다면 앞선 고민들을 하지 않아도 될 테니 말이다. 하지만 한 걸음만 떨어져 생각해 보면 꼭 그렇지도 않다. 에세이 작가를 지망하는 사람에게 글쓰기와 일을 병행하며 생긴 에피소드와 그 안에서 느낀 감정은 그 작가가 나중에 쓸 한 페이지를 멋지게 장식할 소재가 될 수 있기 때문이다. 그리고 경험상 생생하게 경험한 내용은 반드시 좋은 문장이 아니더라도 사람들에게 충분히 울림을 줄 수 있다. 그렇기에 작가가 다양한 경험을 반강제로 하게 하는 일 병행은 나쁘지 않다.

게다가 내 경험상 더 오래 앉아 있다고 더 좋은 글이 나오진 않는 것 같다. 머릿속에서 구상한 이야기와 그것을 글로 표현하는 것은 완전히 별개의 일이니 말이다. 지극히 내 경험에 기반한 이야기이므로 그렇지 않다고 생각하는 사람의 의견도 충분히 이해한다. 하지만 일 병행을 통해 얻을 수 있는 이점은 확실히 있다고 강하게 주장하고 싶다.

나의 경우 책도 쓰지만, 행정사로 일하며 생계를 유지하고 있다. 둘 다 글쓰기를 반드시 요구한다는 점에서 공통점이 있다. 또한 유튜브와 인스타그램이 유행하는 요즘, 영상과 사진이 아닌 글을 기반으로 하는 '블로그'를 통해 홍보할 수 있다는 공통점도 있어 병행하기 좋은 조합이라고 할 수 있다. 또한 행정사를 하며 쌓은 전문 지식과 경험은 한 권의 책 《누구나 할 수 있는 일상 속 행정심판》이 되기도 했다.

이런 개인적인 경험만을 가지고 일 병행의 장점을 이야기하는 건 아니다. 이런 주장은 현대 사회 모습에 근거한 것이기도 하다. 현대 사회는 과거와 달리 글이 주던 유희, 지식, 정보 등을 대체할 수 있는 수단이 너무나도 많다. SNS를 이용하지 않는 사람은 없고, SNS 중 가장 큰 영향력을 갖춘 것은 '영상'을 제공하는 '유튜브'임을 볼 때 글에 대한 소비자가 줄어든다는 걸 예상하는 건 그리 어려운 일이 아니다. 그렇기에 처음부터 글로만 생계를 유지할 생각은 이제 접어두는 게 좋다. 너무 결의가 단단하면 그만큼 부러지기 쉬운 법이니까.

그러니 진지하게 글 쓰는 일을 자신의 업이라 생각하나 아직 충분히 생계를 유지할 정도가 아니라면 일 병행을 긍정적으로 생각해 보면 좋겠다. 그 상황도 좋게 보면 나중에 작품의 한 페이지가 될 테니까.

3.
지나가는 생각

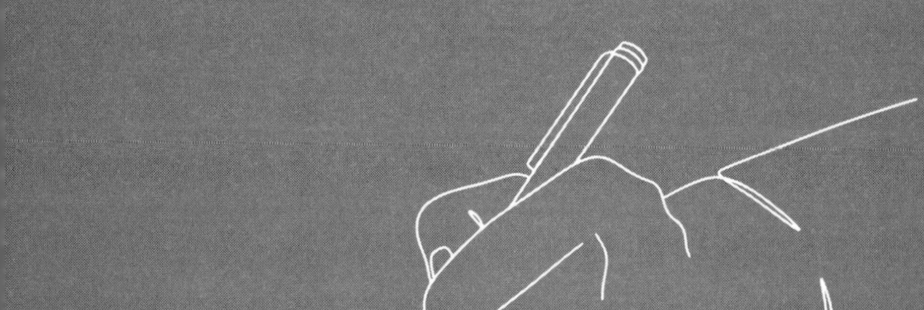

인간은 하나의 생각이다

사람들과 교류하다 보면 잘 맞는다고 생각했지만 잘 맞지 않았거나, 혹은 어떤 사안을 서로 이해하고 있다고 믿었지만 그렇지 않은 일을 겪곤 한다. 그리고 이런 상황은 가족 간에든, 친구 사이에서든, 혹은 업무상에서든 어디서든 발생할 수 있으며, 각 당사자는 상대방이 자신의 말을 100% 명확히 이해했는지 등은 영원히 알 수 없다. 그리고 이런 경험은 인간이 서로를 완벽히 이해하는 건 불가능한 것처럼 느끼게 하기도 한다.

그래서 어떤 문제가 해결과 이해에 이르는 것은 많은 경우 누군가의 양보나 포기에 의한 것인지도 모른다. 그리고 이런 선택은 자신의 생각을 타인에게 전달할 수 없다고 깨달은 사람이 했을 가능성이 높다.

위와 같은 일들은, 사람은 각자가 하나의 '생각'이기에 일어나는 일이다. 마크 트웨인의 마지막 작품인 《미스터리한 이방인》에는 이를 느낄 수 있는 대화(사탄의 말)가 다음과 같이 나온다.

* 《미스터리한 이방인》은 네 가지 버전이 존재하는데, 하단의 내용은 그중에서도 알버트 페인이라는 사람이 편집한 버전을 참조했다.

"인생 자체가 환상일 뿐이야. 그냥 꿈이라고. (중략)

존재하는 것은 아무것도 없어. 모두가 꿈이야. 신, 인간, 세상, 태양, 달, 은하계 등등 모든 것이 꿈이야. 그것들은 존재하지 않아. 텅 빈 우주 외에는 아무것도 없어. 너도 마찬가지야! (중략)

너는 네가 아니야. 살도, 피도, 뼈도 존재하지 않아. 너는 그냥 어떤 생각에 불과해. 나 역시 존재하지 않아. 나는 그냥 꿈이야. 네 상상력이 만들어낸 꿈 말이야."

- 마크 트웨인의 소설 《미스터리한 이방인》 중

이 글을 쓰면서도 고민해 보지만, 생각을 정확히 정의하는 건 불가능한 것 같다. 예전에는 생각이 그저 한 인간의 내면에서 만들어지는 여러 이미지 같은 거라고 여겼다. 그러나 사람마다 제각각 현실을 받아들이는 방식에 생각이 영향을 끼친다는 점에서 단순히 하나의 이미지로 치부할 순 없었다. 그리고 생각이란 내면에만 국한하여 정의되는 것 같지도 않다. 생각은 어떤 식으로든 표출되기 때문이다. 그럼에도 생각을 한 사람의 머리 안에 있는 무언가라고 정의할 수 있을까.

그렇기에 마크 트웨인의 위 작품에서도 인간은 환상이라고 하는 것인지도 모르겠다. 현실과 관계없이 갖고 있는 생각이 인생의 여러 가지를 결정하니 말이다.

표현의 수준을 높여야 하는 이유

성장을 위해 반드시 필요한 건 무엇일까? 나는 '표현의 수준'을 높이는 일이라 생각한다. 성장이라는 건 육체적, 정신적, 경제적 측면 등 너무 많은 것들을 담고 있기에 한 단어로 압축한다는 것 자체가 전달에 문제가 있을 수 있지만, 영역에 관계없이 필요한 건 분명히 표현의 수준을 높이는 일이다.

이유는 성장엔 경험이 필요하기 때문이다. 경험이라는 건 계획, 의도를 갖고 하는 경우도 있지만, 자신도 모르게 진행되는 경우도 있다. 우리의 선택과 행동 대부분을 무의식이 결정한다는 것을 생각해 본다면 경험인 줄도 모르고 지나가는 시간도 너무 많을 거라 생각된다. 하지만 우리에게는 '반추'하는 능력이 있다. 어떤 경험을 다시 떠올려 보면서 다음엔 이렇게 해야지, 저렇게 해야지라는 판단을 내리는 것이다. 이런 과정이 성장엔 필수적으로 수반된다.

그런데 이런 과정은 단순히 '이렇게 해야지'로 끝나지 않기 때문에 '표현의 수준'을 높이는 일이 필요하다. 기본적으로는 어떤 이유로 전략, 행동의 변화가 필요한지 스스로 물어야 한다. 그러나 계속적인 변화를 위해 더 깊은 영역으로 내려간다면, 자신이 당시 어떤 감정을 느꼈는지 어떤 생각을 하고 있었는지를 분석할 수 있어야 한다.

이런 과정에서 과거의 그 순간을 진한 농도로 느끼기 위해서는 그때 감정 등을 세밀하게 표현할 수 있어야 한다. 단순히 그때 힘들었다는 식이 아니라, 어떤 이유로 어떻게 느꼈고 어떤 부분으로 인해 어려움을 겪었는지 세세히 느낄 수 있도록 해야 한다. 그렇게 하기 위해서는 언어로 표현하는 작업이 필수적이다. 그리고 이 과정에 필요한 것은 당연하게도 더 구체적이고 정확하며 적합한 표현을 하기 위한 표현 수준이다.

인간은 어릴 때 표현하는 수준에 큰 차이가 있기 어렵다. 사용하는 단어가 많지 않기 때문이다. 하지만 성인이 된 이후엔 이야기가 다르다. 한 기사[1]에 따르면, 성인은 2만 개에서 10만 개 사이의 단어를 사용한다고 하니, 2만 개를 구사하는 사람과 10만 개를 구사하는 사람 사이에는 분명히 표현에 큰 차이가 있을 수밖에 없다.

따라서 뭔가 경험은 많이 한 것 같은데 기억에 남지 않는다거나 이를 활용해 어떤 결과물로 만들어내지 못하고 있

1 세종포스트, 석길암, "일상어 숫자만큼이 딱 당신의 세계" 2013. 9. 13. 기사

다면 그 표현의 수준을 높여 보는 것도 좋을 것 같다.

* 참고: 인간은 생후 16개월 무렵에는 50개의 단어를 표현하지만 초등학교 3~4학년이 되면 약 1.3만 개의 단어를 사용하고, 성인이 되면 2만 개에서 10만 개 사이의 단어를 사용한다고 한다.

어쩌면 인간에게 시간이란 그리 중요한 게 아닌 것인지도

안 그런 사람도 많겠지만, 내 경우 시간이 지날수록 예전처럼 많은 걸 털어놓고 공유할 수 있는 친구가 줄어드는 것 같다. 사는 곳이 멀어지고 각자 가정이 생기는 등 여러 이유로 생기는 어쩔 수 없는 일이라고 생각하긴 하지만, 아쉬운 건 어쩔 수 없다. 특히 그때의 감정을 생생하게 느낄 수 있는 추억을 공유할 수 있는 사람이 줄어든다는 점이 아쉽다.

처음부터 이런 아쉬움이 있었던 건 아니었다. 영화를 보다가 혹은 대화 중, 누군가가 생각났지만, 그들과 전처럼 자유롭게 연락할 수 없다는 걸 알게 됐을 무렵부터 아쉬움이 생겼던 것 같다.

세상 모든 일이 한쪽 면만 존재하지 않듯, 공유할 수 있는 사람들이 줄어든다는 아쉬움은 남아 있는 사람들과의 관계를 더욱 소중히 여기는 계기가 되기도 했다. 하지만 과거의 소중한 추억을 떠올릴 때면 시간이 참 빠르다는 걸 부인할 수 없었다. 가령 대학교 때 만난 친구와 졸업한 순간을 떠올리다 보면, 이미 대학교를 졸업하고 한참 시간이 지났다는 사실에 서로 놀라기도 하는 것이다.

이런 순간은 대부분 한 번뿐인 인생을 소중하게 살자라고 다짐하는 계기가 된다. 하지만 이미 많은 사람들이 그러하듯, 나 역시 이런 다짐은 금방 잊고 만다. 어쩌면 인간에게 시간이란 그리 소중한 것이 아닌지도 모른다. 그렇게 소중한 시간이라면, 그 중요성을 떠들 필요도 없을 것이고 설사 잊었더라도 어떻게든 시간을 소중히 쓸 것인데, 많은 경우 이와는 반대되는 행동을 하니 말이다.

"미래를 신뢰하지 마라, 죽은 과거는 묻어 버려라. 그리고 살아있는 현재에 행동하라." - 헨리 워즈워스 롱펠로우(미국 시인)

선택할 수 있다는 건 감사한 일이다

내가 최근 반성하는 동시에 정말 감사하고 있는 일이 있다. 바로 선택할 수 있는 인생을 살고 있다는 점이다. 가끔씩 했던 일이 잘되지 않았을 때, 결과를 받아들이기 힘들어 그 선택을 후회하곤 했다. 차라리 다른 선택을 했다면 이런 후회를 할 일은 없었다는 식이었다. 그런데 성인이 된 이후의 상황은 스스로 선택한 일이기에 누구를 탓할 수도 없었다. 오히려 내가 했던 선택에 대한 아쉬움만 커질 뿐이다.

그런데 최근엔 이런 마음을 바꾸게 됐다. 선택할 수 있다는 것 자체가 엄청나게 큰 기회이고 감사한 일임을 알게 되었기 때문이다.

'어떤 이유로든 당시에 후회했던 그 선택을 시도조차 하지 못하는 상황이었다면?'

이런 생각을 해보니 결과와 관계없이 내가 한 후회들은 자유롭게 선택하고 그 결과까지 지켜볼 수 있었음을 알게 됐다. 지금과 같은 조건이 아니었다면, 선택의 여지조차 없었을 것이다. 그럼에도 불구하고 나는 원하는 결과만을 생각하며, 시도할 수 있는 상황에 감사한 마음을 갖지 않았던 것이다.

인생은 불공평하다고 말한다. 공평하다고 생각했던 사람조차도 시간이 지남에 따라 자신을 둘러싸고 있는 환경이 변하면서 불공평하다고 느끼기도 한다. 이런 불공평은 상대적이고, 불공평하다고 느끼는 조건조차도 누리지 못하고 있는 사람도 충분히 존재한다. 그렇다면 선택할 수 있는 기회가 있다는 건 결과와 관계없이 엄청난 행운이고 감사한 일이 아닐 수 없다.

누군가 오랜 시간 공들여 왔으나 결과를 얻지 못해 후회하며 시간을 보내고 있다면, 그 후회할 수 있는 선택을 할 수조차 없는 사람들이 있다는 것을 생각해 보면 좋을 것 같다.

선택할 수 있는 삶을 산다는 건 그 자체만으로도 감사해야 할 일이다.

자신을 의심하는 것과 믿는 것, 그 사이 어딘가

살다 보니 선과 악처럼 명확히 구분되는 일이 많지 않다는 생각을 하게 된다. 심지어는 선과 악의 잣대를 댈 수 있는 일이라고 해도, 내가 아는 정보는 전체가 아닌 파편에 불과하다는 점을 감안해 보면 명확히 판단할 수 있는 일이 얼마나 있을까란 생각도 해본다.

이렇게 명확히 판단할 수 없는 일이 많음을 느끼게 되면서, 의심하지 않았던 일들이 달리 보이기 시작했다. 예를 들어 나를 의심하면 그 어떤 것도 이룰 수 없다고 믿었던 일을 들 수 있다. 우리가 어떤 일을 해내지 못하는 것은 능력보다는 자신감이 부족하기 때문이라는 말이 있듯, 자신감은 어떤 일을 해내는 데 있어 정말 중요한 요소다.

그래서 자신감을 갖지 못하고 스스로를 의심하는 건 절대적으로 배척해야 하는 느낌이 강하게 든다. 그런데 과연 그럴까. 정말 스스로를 의심하는 것이 자신감을 갖지 못하게 한다고 봐도 되는 것이냐는 뜻이다. 내 생각엔 그렇지 않다.

의심을 하는 것이야말로 자신의 능력을 더욱 발전시키는 계기가 될 수 있기 때문이다. 오히려 '내가 정말 충분히 준비되었는가'라는 의문을 통해 부족한 점을 발견할 수 있다는 뜻이다. 당장엔 그 의심으로 불편하고 또 불안하겠지만, 결국 자신이 부족한 부분을 발견하여 채우게 되면 한 발 더 나아갈 수 있게 된다. 그런 점에서 스스로를 의심하는 행위가 결코 자신감을 갖는 일과 대척점에 있다고 할 순 없을 것이다.

이처럼 의심 없이 믿고 있던 명제를 다시 살펴보며, 생각을 관찰하는 감각을 조금 더 예민하게 만들 수 있다면 인생의 많은 부분을 바꿀 수 있을 것 같았다.

체계화하지 않으면
시간은 사라진다

뭔가를 한 것 같은데 아무것도 남지 않은 느낌이 든다면 그건 체계가 없기 때문일 수 있다. 무슨 일이든 체계가 없다면 열심히 해도 발전이 없거나 뭘 한 것인지 모르는 일이 생기는 경우도 있다. 예를 들어 공부를 한다면, 기본서를 기반으로 그 분야에 대한 체계를 이루며 공부한다.

그런데 이런 체계를 무시하고 공부를 하면, 같은 시간을 투입해도 남는 게 없다. 지식이 어디에 붙어 있어야 할지 모르고 새로운 지식과 기존 지식이 상호작용 할 수 없어 장기기억으로 남기 어렵기 때문이다. 그러면 공부한 것이 현출될 수 없으므로 당연히 남는 게 없다고 느껴질 수밖에 없다.

나는 우리의 삶도 비슷하다고 생각한다. 어떤 경험이든 살아가는 데 도움이 될 수 있다는 것에는 동의하지만 그 경험보다도 때론 순서가 더 중요하다고 생각한다. 예를 들어 몸이 질병 등으로 심하게 아팠던 경험이 있는 사람이 운동을 배우는 것과 그런 경험이 없는 사람이 운동을 배우는 것에는 큰 차이가 있는 것처럼 말이다. 전자는 건강의 중요성을 크게 느꼈을 것이기에 운동을 대하는 마음이 더 간절하고 적극적일 수밖에 없다. 그리고 이런 마음가짐은 그 사람이 쓰는 시간의 농도를 더욱 진하게 만들어줄 것이다. 그렇기에 나는 어떤 경험을 하는 것도 중요하지만 그 경험의 순서가 더 중요하다고 생각하는 것이다.

그리고 이러한 경험의 순서를 결정하는 것은 결국 '체계'라고 생각한다. 위의 예시에서 든 상황엔 적절하지 않지만, 보통의 경우라면 인생에서 무엇을 중요하게 생각하고 있는지를 먼저 결정해 둬야 시간을 어디에 쓸지가 결정되기 때문이다. 우선순위를 정하는 것과 유사하지만, 체계는 하루의 시간을 어디에 쓸 것인지를 결정한다는 측면에서 다른 점이 있다.

나는 체계를 갖추지 못하면 시간이 사라진다는 생각을 하지 못한 채 어떤 경험이든 도움이 된다고만 믿었고, 그 결과 대학 졸업 후 단기 아르바이트를 전전했다(단기 아르바이트를 하는 게 나쁘다는 뜻이 아니라, 졸업 후 진로 선택에 있어 막연하게 체계도 없이 한 경험을 살리기 어려웠다는 의미다.).

인생은 답이 없고 그 과정에서 나까지 찾아야 하기에 다양한 경험이 필요한 것은 맞다. 그러나 체계를 갖추지 못했기에 어떤 경험을 얼마나 인생에서 체험할 수 있을지 생각해 보지 못했고 오래 방황했으며 동시에 지난 시간을 후회하며 지냈다. 만일 뭔가를 하긴 했으나 남는 게 없는 것 같아 과거를 후회하고 있다면 다음 스텝을 밟기 전에 어떤 삶을 살지 체계를 고민해 보는 것도 좋을 듯하다.

완성도에 너무 집착하지 말자

나는 지금까지 9권의 책을 썼다. 현재도 계속 글을 쓰고 있다. 스스로 생각했을 때 써온 기간에 비해 글을 잘 쓴다는 느낌은 크게 들지 않는다. 그래도 계속 쓴다. 이유는 쓰는 과정에서 생각도 정리되고 나중에 내가 쓴 글을 보며 복잡한 마음을 정리하는 경우도 있기 때문이다. 이 책을 통해 소개하고 있는 글은 일종의 나를 위한 조언 모음 같은 것이다.

잘하는 것도 아닌데 내가 계속 쓸 수 있었던 건, 내가 글의 완성도에 대해 집착하지 않기 때문이었다. 완성도에 초점을 맞추고 오랜 시간 공을 들여 쓰는 방식도 괜찮다고 생각하지만, 그렇게 하기엔 나의 의지력이 그만큼 강하지 않았다. 무엇보다 쓴 글을 반복적으로 고치는 과정은 글쓰기를 하고 싶지 않게 만들었다. 내가 나를 위해 조언을 남기는 것인데, 부담으로 글을 쓰지 못하는 것보다는 완성도가 조금 부족한 게 낫다고 생각하기 때문이다.

그러다 보니 책으로 내는 경우가 아니면, 글을 쓸 때 완성도는 최우선 순위가 아니다. 그리고 부끄럽지만 내 글에서 100% 완성도가 가능한지도 조금은 의문을 갖고 있는 편이다. 글은 읽는 사람에 따라 차이가 있기에 작품 심사를 하듯 기준을 갖고 읽는 게 아니라면, 온라인에 쓰는 글은 언제든 쉽게 버릴 수 있을 정도로 가벼워야 한다고 생각한다.

그리고 사이토 다카시 교수의 책 《일류로 만드는 운의 공식: '운'을 내 편으로 만드는 15가지 공식》의 다음과 같은 내용은 이런 내 생각에 조금 더 확신을 갖게 했다.

이 책에는 일본의 유명한 현대 미술가인 '오카모토 타로'가 한 다음과 같은 이야기가 나온다.

"왜 그리는가? 그리지 않으면 세상이 너무 따분해서 그린다.
무엇이든 좋으니까 일단 해봐라. 그게 전부다.
잘 만들 필요는 없다. 잘 만들어진 작품은 전혀 재미있지 않다.
상관없으니까 형편없더라도 해라.
내가 친 공이 어디로 갈지는 신경 쓰지 마라.
시원하게 날려버리면 기분이 좋다."

무엇이든 해보는 것이 잘하는 것보다 더 중요하다는 걸 설명하는 내용이다. 비록 내가 미술가는 아니지만, 작품을 만드는 입장에서 완성도만큼 신경 쓰이는 일이 없을 것 같은데 그는 오히려 잘 만들어진 작품은 전혀 재미있지 않다고 하며 이미 친 공은 어디로 갈지 신경 쓰지 말라고 한다.

완성도가 중요하지 않다는 게 아니라, 완성도에 너무 많은 신경을 쏟은 나머지 시도 자체를 하지 못하는 일이 없도록 하라는 의미라고 생각된다. 무엇이든 완성도 있게 잘 해낸다면 좋다. 하지만 완성도에 너무 많은 부담을 가질 필요는 없다. 오카모토 타로의 말처럼 일단 공을 치고 그 공이 어디로 갈진 신경 쓰지 말자. 대신 부담을 덜고 꾸준히 하자.

누군가에겐 서바이벌이 기본값이다

인간은 비교를 할 수밖에 없는 생명체라고 한다. 인간은 지구에 있는 다른 생명체에 비해 높은 지능을 갖고 있어 성장과 함께 자신이 현재 어떤 상태인지를 확인하고자 하는데, 이때 쓰는 방법이 비교이기 때문이다. 즉, 비교를 통해 내가 다른 사람보다 공부를 잘하네, 운동을 잘하네 등으로 자신의 강점과 약점을 파악해 나간다는 것이다.

그런데 문제는 비교 대상이 달라질 수 있다 보니 어떤 때엔 자신이 공부를 잘한 것 같았는데 또 어느 때 보니 아무것도 아닌 것처럼, 비교가 의미 없는 경우도 있다는 점이다. 그렇기에 비교를 하더라도 제대로 된 근거를 갖고 비교하는 것이 필요하며, 더 나아가서는 완벽한 비교는 불가능하다는 것을 인정하고, 비교보다는 자신만의 기준을 갖는 것을 최종적인 목표로 삼는 게 바람직하다고 할 것이다.

한 예로, 어떤 사람에겐 살아남는 건 아무 의미도 없다. '서바이벌'이 기본값인 사람이다. 이들에게는 살아남는 것은 당연하고 자신에게 주어진 시간을 어떻게 의미 있게 활용해 원하는 것을 할 것인가에 초점이 맞춰져 있다. 그러나 어떤 사람에겐 살아남는 것 자체도 굉장히 어려운 과제로 느껴질 수 있다. 끔찍한 일이지만 스스로 목숨을 끊는 선택을 하는 사람이 있다는 사실이 이를 증명한다. 어떤 사람에겐 살아남는 게 죽는 것보다 어렵다는 뜻이다.

그렇기에 가능하다면 자신만의 인생 기준을 만드는 것이 필요하다고 생각한다. 나는 비교로 스스로 고통을 받은 경험이 많아서 그런지 몰라도 비교를 하지 않는 건 불가능하다고 믿는다. 이 때문에 성장하는 과정에 맞춰 받아들일 수 있는 수준에서 비교를 하되, 자신만의 인생 기준을 만드는 일이 필요하다고 생각한다.

뻔한 이야기지만 어떤 삶이 괜찮아 보여도 그게 자신에게 맞는 답이라고 확신할 순 없다. 각자의 답이 있기 때문이고 인생은 무 자르듯 딱 잘려 답이 나오는 일도 아니기 때문이다. 이처럼 비교는 인간의 유년기부터 성인이 된 이후에도 끊임없이 발생하며 무엇이 답인지 알기 어렵게 한다. 그렇기에 그들의 삶과 자신의 삶을 비교하기보단 오래 걸려도 자신만의 인생 기준을 세울 필요가 있다.

일론 머스크의 질문

일론 머스크와 관련된 영상을 보던 중, 그가 채용하려는 사람을 파악할 때 꼭 하는 질문이 있음을 알게 됐다. 그 질문은 다음과 같다.

"인생에서 가장 어려웠던 문제는 무엇이고 그것을 어떻게 해결했나요?"

가장 어려운 문제는 그가 도전한 문제의 난이도를 보여주는 것이고, 해결 과정에 대한 설명은 그가 직접 해결하기 위해 어디까지 노력했는지를 보여준다. 그 때문에 서류 전형 등 기본적인 요건들을 충족한 지원자들 중에서 앞으로 발전 가능성 등을 생각해 본다면 위의 질문에 관한 답이 직무와 연관이 없더라도 충분히 판단 근거가 될 수 있을 것 같다.

그래서 나도 스스로에게 위의 질문을 던져 보았다.

솔직히 가장 어려운 문제라고 할 만한 것이 떠오르지 않았다. 업무로 마주하는 일상적인 문제들은 정도의 차이가 있을 뿐 그렇게까지 어렵다고 할 수 없을 것 같았고, 무엇보다 어려운 도전도 없었기 때문에 어려운 문제 자체가 떠오르지 않았다.

성인이 된 이후 가장 어려웠던 문제는 역시나 워킹홀리데이 때 겪은 일들이었다. 당시 나는 워킹홀리데이를 떠나며, 바닥부터 시작해 버틸 수 있는 상태까지 이른다면 앞으로 살아가는 데 무슨 일이든 할 것 같은 단단한 마음이 생길 거라고 기대했다. 그랬기에 일부러 숙소 예약도 하지 않았고, 돌아오는 티켓도 마련하지 않았으며 최소한의 금액만 가지고 갔다. 그곳에서 내가 마주한 상황은 기대 이상이긴 했지만, 덕분에 떠나기 전의 나였다면 생각할 수 없는 것들을 도전해 보기도 했다. 책을 쓰는 것도 그중 하나였다.

어쩌면 지금 하는 일은 무려 15년 전에 했던 경험으로 만들어진 것인지도 모른다. 그 이후엔 그렇게 어려웠던 도전이 없었다. 당시엔 나 스스로 대단한 일을 하는 것처럼 느꼈지만, 그건 경험도 적고 그릇도 너무 작았던 탓에 스스로에게 심취해 있었던 것일 뿐 그저 평범한 수준의 일들이었다. 하지만 내 삶에 있어서는 도전하지 않았다면 결코 경험할 수 없는 일들이었다.

한 번 어려운 문제를 해결한 경험으로 평생 남을 태도가 만들어지진 않는다. 그리고 인생엔 긍정적인 변화가 있을 수 있던 만큼, 언제든 다시 부정적인 변화가 생길 수도 있다고 경계할 필요가 있다.

삶이 무료하거나, 나는 열심히 하고 있는데 변화가 없다고 느껴진다면 일론 머스크의 질문을 스스로에게 해보는 건 어떨까.

"인생에서 가장 어려웠던 문제는 무엇이고 그것을 어떻게 해결했나요?"

쉽게 문제를 넘기려는 생각

정말 부끄럽지만 최근까지도 나에 대한 기대감이 상당했다. 기대감만 상당했다면 '부끄럽다'라는 표현을 쓰지 않았을 것이다. 기대감을 갖는 것 자체는 좋지만, 지금 당장 최선을 다하지 않으면서 '난 여기에 있을 사람이 아니다.'라며 정신 승리만 했기에 부끄럽다고 표현했다.

지금의 현실이, 과거의 내 선택들이 모여 만들어진 점을 생각해 보면, 현실을 부정하는 사람이 꿈꾸는 미래는 실현될 가능성이 매우 낮다고 할 수 있다. 게다가 기대감과 별개로 '여기에 있을 사람이 아니다.'라는 생각으로 살면 아마도 멀지 않은 때에 세상으로부터 외면받을 수밖에 없을 것이다.

이런 오만한 생각은 그 자체로도 문제였지만, 개선점이 보여도 '어차피 벗어날 건데 뭐.'라는 식으로 문제를 회피하는 근거로 삼아 더욱 문제였다. 모든 일은 일정한 시간 이상 그것도 충실한 노력이 있어야 성장이 있는데, 이런 식으로 회피만 하면서 그저 언젠간 바뀌겠지라 하며 쉽게 넘어가려 했던 것이다.

어떤 문제는 쉽게 넘겨도 괜찮지만, 어떤 일은 충분한 고민이 필요하기도 하다. 고민한다고 가장 좋은 답을 내린다는 보장은 없지만, 그 고민하는 과정에서 자신이 미처 보지 못한 문제도 확인할 수 있기 때문이다. 나의 경우에는 앞서 언급한 생각이 결국 고민해야 할 일을 '쉽게' 넘기려는 태도에서 비롯되었다는 것을 알게 됐다.

인정받고 싶은데 지금의 현실은 인정받을 게 없으니 정신 승리로 나는 여기에 있을 사람이 아니야라고 생각했고, 누가 뭐라고 하든 '괜찮은 척'하며 문제를 가볍게 넘기려만 했던 것이다.

특별히 노력하지 않았는데 고민했던 문제가 보이지 않는다면, 그건 해결된 것이 아니다. 언제고 그 문제는 더 큰 문제가 되어 나타날지도 모르는 일이다.

착각

헬스를 시작하고 '고통의 역치'라는 말을 알게 됐다. 고통을 참을 수 있는 정도가 다르기 때문에 어떤 사람에게는 그 정도 강도의 운동이 충분하지만, 어떤 사람에게는 겨우 '준비운동' 정도의 강도밖에 되지 않기도 하는 것이다. 운동의 숙련도나 타고남도 중요하지만 결국 정신력이 이를 지배한다.

운동을 하면서 내가 고통의 역치가 굉장히 낮다는 걸 알게 됐다. 열심히 했다고 하지만 난 조금이라도 고통이 찾아오기 시작하면 금방 포기했기 때문이다. 사실 난 예전부터 뭔가 열심히 하더라도 그 '열심히'가 지속되지 않거나, 혹은 그 정도는 누구나 하는 것인데 나만 특별히 노력한다고 생각하기도 했다.

나에 대해 착각을 한 것이었다.

* 착각: 어떤 사물이나 사실을 실제와 다르게 지각하거나 생각함. (표준국어대사전 참조)

이런 착각은 비단 운동에만 국한된 것이 아니었다. 한 친구는 내게 일침을 가하기도 했다. 그때가 벌써 15년 가까운 시간이 지났음에도 불구하고 너무 민망했던 일이라 지금도 생생히 기억난다. 구체적으로 밝히기 부끄럽지만, 당시의 나는 여러 일도 하고 공부도 하며 나름대로 열심히 산다고 생각했다. 그래서 사람들을 만나면 '내가 얼마나 열심히 하는지'를 설명했다.

그러자 그 친구는 황당하다는 얼굴로 "누가 너 보고 열심히 한대?"라고 내게 물었다. 나 스스로 그렇게 생각하고 있는 것뿐이었다. 그리고 이때가 돼서야 내가 몇 번이고 같은 말을 했구나란 사실도 알게 됐다. 너무 부끄럽고 민망했다.

진짜 열심히 사는 사람이라면 설명할 필요도 없고 설명할 이유도 없다. 다른 사람에게 알리고 싶어 열심히 사는 게 아니기 때문이다. 하지만 당시의 나는 부끄럽게도 그랬다. 이유는 잘 모르겠으나 아마도 그 전까지 그렇게 열심히 살아본 적이 없었기에 스스로를 너무 대견하다고 생각했던 것 같다. 고통의 역치가 낮다 보니 작은 성과에도 큰 업적을 남긴 것처럼 만족해했다.

이 외에도 모습만 다를 뿐 착각을 깨닫는 순간들이 몇 번이나 더 있었기에 지금 생각해도 민망함이 가시지 않는다. 착각임을 알게 되었을 때마다 얼굴이 화끈거린 나는 도망가거나 숨고 싶었다. 하지만 그렇게 숨을 때마다 민망함과 부끄러움은 더 생생하게 기억에 남았다.

착각은 자유라는 말이 있지만, 여전히 나에 대해 착각하고 있음을 깨닫게 될 때면 너무 숨고 싶고 부끄럽다. 하지만 이제는 도망치는 게 더 괴롭다는 걸 알기에 최대한 '내가 또 착각했구나.'라고 생각하며 버텨본다.

마음이 넓지 않은 사람이 불안을 대하는 방법

살아보니 나는 마음이 그리 넓은 편이 아니라는 걸 알게 됐다. 여기서 말하는 마음의 넓이는, 걱정이나 불안 등을 받아들일 수 있는 공간을 말한다. 나는 좋은 일이 10가지가 있더라도 걱정이 되는 일 1가지가 있으면 그 하나 때문에 좋은 일을 전혀 누리지 못하는 스타일이다. 그래서 나름대로 노력을 해봤다. 가장 먼저 해본 건 '괜찮은 척'하기였다. 일단 성공한 사람들처럼 그런 걱정은 별것 아니라는 생각으로 괜찮은 척했다. 하지만 사람들과 있을 때는 괜찮은 척이 유지되었으나, 혼자 있으니 불안을 이기지 못했다.

다음으로 해본 방법은 불안할 때마다 강연이나 책을 찾아 그 불안에 대응할 수 있는 방법을 찾는 것이었다. 그래서 나는 자기계발서를 많이 봤는데 이 방법은 효과가 있었지만 불안을 느낄 때마다 책을 찾아야 하고 때론 읽더라도 해소가 되지 않는, 시간적으로 매우 비효율적인 문제가 있었다. 그런 비효율을 초기엔 감당할 수 있었지만 책임져야 하는 일들이 생기면서 마음이 바빠지니 유지하기 힘들어졌다.

사람들마다 스트레스에 대한 민감도가 다르듯, 불안에 대한 예민함도 다르기 때문에 어떤 사람들은 내게 불안을 느끼게 하는 요소를 별것 아니라고 생각할 수도 있다. 하지만 나는 그게 잘 안됐기에 이리저리 방법을 찾았다. 그러다 최근엔 불안한 채로 스트레스와 함께 시간을 보냈다. 집중도 안 됐고 그런 시간이 길어질수록 불안이 커졌다. 그러다 결국 급성위염으로 병원까지 가게 됐다. 당연히 원인은 불안과 스트레스로 인한 것이었다.

나는 병원까지 다녀오며 너무 힘들어서 뭘 해보고 싶은 생각도 들지 않았다. 그저 불안이 빨리 해소되었으면 하는 마음이었다. 하지만 나는 시간이 그냥 지나가면 지나가는 대로 불안을 느끼는 편이라 상황은 더 안 좋아졌다. 그래서 그냥 내려놓자는 생각을 하게 됐는데, 그때 이를 대응할 방법을 조금은 알게 됐다.

떠오른 건 아니고 그냥 뭘 하기가 힘들어서 TV를 보다가 그곳에서 약간의 힌트를 얻은 것이다. 각자 그 일을 할 자격이 있음에도 불구하고 실수하거나 실력이 모자라다고 생각하며 나서지 못하는 상황에서, 그들에게 자격이 있음을 일깨우는 장면이었다.

나는 그때 2가지를 생각해 보게 됐다.

하나는, 내가 불안함을 느끼는 이유가 무엇인지 정확히

살피지 않았다는 것.

다른 하나는, 대응할 수 있는 방법이 없다고 생각했다는 것이었다.

스스로에게 안타까웠던 것은 그렇게 불안하고 스트레스 받았으면서도 정확히 원인을 살펴보지 않으려 한 점이었다. 그저 나는 그 원인이 무엇이든 해결할 수 없으니 피하고 싶어 했던 것 같다. 결국 완벽한 해결책을 찾은 건 아니었지만 불안이나 스트레스가 아예 없을 순 없으므로 이때마다 최소한 원인은 무엇인지 그리고 내가 뭘 할 수 있는지는 생각해 보는 게 좋다는 답을 얻었다.

이렇게 해보니 원인을 명확히 하는 것만으로도 최악에는 어떤 결과 정도가 되겠다는 예상이 가능하기 때문인지 마음이 조금은 가벼워졌다. 누군가 불안이나 스트레스로 병원까지 가 본 사람이라면 내가 했던 방법을 참고해 보는 것도 좋겠다.

추상적인 개념의 문제

헬스를 하는 사람이라면 모르는 사람이 없을, 보디빌딩계의 스타 '황철순'은 운동과 관련해 다음과 같은 말을 한 적이 있다(정확한 표현은 아닐 수 있다.).

"당신의 운동량은 누군가의 워밍업이다."

이 정도면 상당히 많은 운동량이라고 생각했는데, 그게 누군가에겐 워밍업 정도에 해당할 수도 있다는 뜻이다. 내가 어렵게 해내어 노력이라고 부르는 것을 누군가는 매일같이 당연하게 해내고 있을 수도 있다. 사실 학창 시절에도 같은 시험을 목표로 하면서도 누구는 2시간 공부를 하면 '너무 힘들다'라고 이야기하지만, 누군가는 2시간은 당연하고 그 몇 배를 더 공부해야 한다고 생각할 수 있다. 그 결과 전자는 2시간을 두고 노력했다고 하겠지만, 더 많은 노력을 기울인 후자보다 낮은 성적을 받을 가능성이 높다. 이처럼 더 많은 시간 공부한 사람이 더 좋은 결과를 받아가는 게 공정하고 합리적인 일이지만, 비교 대상이 존재하지 않는다면 스스로 '노력해도 안 된다'라고 생각할 수 있다.

요즘은 간접 경험을 하기 쉬운 세상이다. 누군가가 누리는 과실을 영상이나 사진으로 쉽게 찾아볼 수 있고 원한다면 소통도 가능하다. 그런데 문제는 이 과정에서 그 결과물들을 만들어낸 사람들이 생각하는 '열심', '노력', '인내' 등과 같은 추상적인 개념이 이를 접하는 사람의 수준과 많이 다를 수 있다는 것이다.

그래서 나는 '열심', '노력' 등 추상적인 개념을 접할 때면 객관적인 수치로 보여주기 어려운 영역이므로 '나도 열심히 노력한다면 할 수 있을 것이다.'와 같은 생각은 하지 않으려고 한다. 대신 그 사람이 어떤 행동을 어떻게 구체적으로 했는지 보려고 한다. 객관적인 수치로 보여주기 어려운 영역이라는 걸 이제야 깨닫고 있는 중이다. 그리고 추상적인 개념은 간접 경험으로 이해할 수 있을 것 같지도 않다.

예를 들어 내가 목표로 한 일을 누군가 달성했고 그 사람이 "열심히 노력했습니다."라고 말했다면, 그 열심히 노력한 것이 무엇인지 그 행동을 알고자 한다. 그리고 그 행동을 할 당시의 주변 상황도 생각해 본다.

'나라면 그 상황에서 얼마나 공부할 수 있었을까?'와 같은 물음을 던져 보면 추상적인 부분이 무엇인지 조금은 체감된다. 그리고 대부분 뭔가 해낸 사람들은 이런 질문에서 예견되는 어려움을 어떤 식으로든 극복한 사람들이다. 이런 행동 정도가 노력이라고 부를 수 있는 마지노선이라고 생각한다면, 내가 한 행동이 노력인지 아닌지 알 수 있다. 그리고 이를 통해 내가 해야 할 행동에 얼마나 많은 의지가 필요한지 다시 생각해 볼 수 있다.

왠지 나이를 먹어 가며 변명을 위한 요령만 생기는 것 같은 요즘이다.

스스로 인정하는 것, 외부에서의 인정

스스로 만족하는 게 좋다고 이야기한다. 그래야 비교하지 않고 흔들리지 않으며 중심을 잃지 않는다는 것이다. 누구도 다른 사람을 원하는 대로 통제할 수 없고 그들의 의견도 내가 원하는 대로 정할 수 없기에 스스로 인정하고 만족하는 일이 필요하다. 하지만 외부에서의 인정이 없는 혼자만의 만족과 인정은 한계가 분명하다고 생각한다.

나는 행정사로 일하기도 하면서 블로그 등에 내 생각을 자유롭게 쓰고 있다. 그런 내가 만일 나를 찾는 의뢰인이 없으면서도 '이 정도면 만족한다, 충분하다'라며 마음대로 한다면 어려운 상황은 앞으로도 변하지 않을 것이다. 하지만 내가 조금 부족한 것 같은 느낌이 들었더라도 의뢰한 사람이 만족할 수준의 결과를 얻었다면, 다음 기회가 존재할 가능성이 높다. 그저 스스로를 조금 더 인정할 필요가 있을 뿐이다.

그러나 온라인에 글을 쓰는 것은 내가 누군가의 의뢰를 받는다거나 하는 일이 아니고 약간의 취미 같은 성격이 있기 때문에 다음 기회를 걱정한다거나 할 일이 없다. 그러다 보니 솔직히 내가 스스로 인정하는 것과는 별개로 외부의 인정도 없는 것이 현실이다. 스스로 글쓰기를 계속 유지시킬 만한 동력이 없는 상태에서 외부의 인정까지 없다면 그만두고 싶은 게 솔직한 마음이다. 모든 일이 그렇지만 눈에 보이는 결과 없이 계속 뭔가를 한다는 건 상당히 지치는 일이기 때문이다.

그런 측면에서 브런치의 에세이 분야 스토리 크리에이터로 선정된 것은 상당히 감사한 일이다. 브런치에서 스토리 크리에이터를 어떻게 선정하는지는 모르겠으나, 이메일을 통해 이를 통지받았을 때 그간 쓴 글이 무의미하지 않았다는 피드백을 받은 것 같았기 때문이다.

스스로를 인정하지 못하고 있던 나는, 외부에서 긍정적인 피드백을 받은 것 같아 요즘은 조금 더 가볍게 글을 쓰고 있다. 의도하지 않더라도 글쓰기에선 외부 인정도 내적 만족만큼이나 중요하다는 걸 느낀다.

단어가 심리 상태에 미치는 영향

나는 생산성에 집착하는 성향이 있다. 그래서 뭘 하든 남는 게 있어야 마음이 편하다. 업적 같은 걸 남기기 좋아하는 것이다. 예를 들어 뭘 배운다고 한다면, 그 배움을 통해 시험을 거쳐 증명서로 남기는 식이다. 그러다 보니 일단 뭔가 시작했는데 남는 게 없다면 마음이 너무 불편하다. 이런 식의 사고방식은 장기적인 목표 달성엔 도움이 되지 않는다. 시간과 노력이 많이 필요한 일에서 눈앞에 보이는 결과를 따지고 들면 중간에 포기하거나 시작조차 하지 못하는 상황이 발생하기 때문이다.

그럼에도 오랜 시간 내가 이런 태도를 버리지 못했던 건, 뭔가를 오래 해야 하는 걸 어려워하기 때문이다.

그런 내게 정말 큰 힘이 된 말이 있다.

바로 "냉정히 생각해 보면 별일 아니다."라는 말이다. 나는 이 말을 책에서 본 후 내가 힘들다고 하는 일들을 다시 바라보게 됐다.

그리고 스스로 물었다.

"미리 필요한 시간을 계획하는 게 엄청 힘든 일인가?"

그렇게 힘든 일이 아니었다.

"스트레스받는다고 주변에 하소연하듯 이야기까지 할 일인가?"

그 정도는 아니었다. 게다가 내가 선택한 일이었으며 누구도 나를 떠밀지도 않았다.

이전에 내가 스스로 '이게 못 할 일인가?' 혹은 '그렇게 어려운가?'라는 질문을 던졌을 땐 위와 같은 답을 하지 못했다. 오히려 '이렇게 노력하는데 왜 누구도 알아주지 않지?'라는 식으로 불평이나 했다. 그런데 왜 답이 달라졌을까.

나는 '냉정히'라는 단어에 답이 있다고 생각한다. 일의 무게감에 관계없이, 분야에 관계없이 본인이 생각했을 때 가짓수가 많다면 마음이 바쁠 수밖에 없다. 우리가 달리기를 하면 발에 땀이 나듯 마음이 바삐 움직이면 마음에도 열이 난다. 그러면 제대로 판단을 하지 못하고 감정적으로 내가 했던 불평불만이나 늘어놓는다. 그리고 해결되는 건 아무것도 없다.

그런데 '냉정히'라는 단어를 마음에 담은 순간, 마음만 바빴다는 걸 알게 됐다. 누군가 내가 그랬듯 마음만 바쁘고 일도 해결될 것 같지 않은 순간을 마주하고 있다면 그 일을 냉정히 생각해 보면 좋을 거 같다.

실제로 이탈리아 트렌토대학 심리학자 페데리카 카비치오 교수의 실험(폭력적이거나 적대적인 말을 듣고 말하게 한 후 얼마나 공격적으로 변하는가를 관찰)에 따르면, 폭력적인 단어에 노출되는 경우 이후 무관한 일에도 그 사람을 공격적으로 만든다고 한다. 이처럼 나와 관계없어 보이는 단어라도 내게 영향을 미칠 수 있다는 것이다.

자신에게 시간을 허락하자

저마다 고민이 있을 것이다. '고민'이라는 단어를 읽었을 때 의식하지 않아도 바로 떠오르는 것들, 그런 게 '고민'이다. 나는 다른 사람의 시선을 신경 쓸 때가 많다. 나와 맞지 않는 사람들도 있다는 것도 알고, 이제 더 이상 학교처럼 일정한 공간에서 강제로 어울릴 필요도 없으면서 여전히 타인의 시선을 과하게 신경 쓸 때가 있다.

내 인생을 누가 감독하는 것도 아니고, 알아서 각자 살아가는 게 인생이라고 생각하면서도 종종 다른 사람이 어떻게 생각할까에 사로잡혀 고민할 때가 많다. 누군가 어떤 삶을 살고 있는지 알고 싶다면, 그 사람이 하루 중 어디에 얼마나 시간을 쏟는지를 보라고 했는데, 나는 내가 어떤 모습으로 보일까란 질문에 가장 많은 시간을 쏟은 것 같다. 심지어 어떤 날은 이런 생각으로 내가 해야 할 일에 집중하기 어려운 때도 있었다.

이런 사실을 알고 있음에도 불구하고 잘 바뀌지 않고 다른 쪽으로 시선을 돌리는 게 힘들다는 게 조금 안타깝다. 얼마 전에 《백종원의 장사 이야기》라는 책을 보았는데, 그 책에서 저자(백종원)는 장사를 하며 음식과 관련된 일이 아닌 손님의 말이나 행동에 의해 힘들었던 적이 많았다는 내용이 있었다. 그렇게 신경 쓸 필요가 없는데도 이를 극복하는 데 꽤나 오랜 시간이 걸렸다고 했다. 나도 저자의 이런 경험에 위안을 삼으며 다른 사람의 시선을 과하게 신경 쓰는 나 자신이 바뀌는 데 조금 시간이 필요하다는 생각을 하게 됐다.

'사람은 고쳐 쓰는 게 아니다.'라는 말이 있을 만큼, 사람은 쉽게 변하지 않는다. 하지만 다른 삶을 살기 위해선 바꿔야 할 것은 바꿔야 한다. 즉각적으로 다른 생각과 행동을 할 수 있는 사람이라면 너무 좋겠지만, 내 경험에 비춰봤을 때 그러지 못한 경우가 더 많은 것 같다. 그럴 때 나 자신에게 필요한 건 변화에 필요한 시간을 허락하는 일이다. 광고도 즉각적인 효과가 나타나는 게 아니다. 시장에 반영될 때까지 일정한 시간이 필요하다. 그런 것처럼 우리 자신도 바뀔 수 있는 시간을 줘보는 게 어떨까 한다.

인생은 인내가
전부인지도 모르겠다

'인내'라는 단어의 사전적 의미는 "괴로움이나 어려움을 참고 견딤"(표준국어대사전 참조)이라는 뜻이다. 각자의 기준에 따라 다르겠지만, 누구에게나 괴로움이나 어려움이 없을 수 없다는 점에서 나는 인내가 정말 대단한 가치라고 느낀다.

나는 인내심이 많이 없다. 운동을 하다가도 조금만 숨이 차거나 힘들면 바로 멈춘다. 조금 더, 한 발 더 나가는 법이 잘 없다. 공부를 할 때는 또 어떤가, 20분만 앉아서 책에 집중하고 있으면 좀이 쑤시기 시작한다. 사실 운동을 하다가 바로 멈추는 일이나 책을 20분도 채 보지 못하고 자리를 벗어나는 일 자체가 문제는 아니다. 그런 과정을 거치기 싫으면서 좋은 몸을 갖고 싶고 아는 게 많아지고 싶은 마음이 문제다.

뭔 당연한 소릴 늘어놓나 싶지만, 예전엔 '참고 견뎌내는 것'이 답답하고 무식한 일이라고 생각했었다. 그리고 그렇게 살아온 나는, 어느 정도에 이르니 인생에 더 이상 변화가 생기지 않았다. 방향이 잘못되었거나 효율적이지 못한 방법으로 계속 우직하게 나아가는 것은 어떤 면에서 개선

해야 할 일이기도 하다. 하지만 모든 일엔 단계가 있듯 그런 시행착오를 겪지 않으면 다음 단계로 나아가지 못하는 일도 있음을 볼 때 무조건 개선해야 하는 건 아니다. 오히려 흔히 말하는 '경험했다'가 될 수 있다.

나는 한 번뿐인 인생을 살면서 빠르고 효율적으로 나아가고 싶은 마음이 컸다. 그러나 인생을 효율적으로 사는 것 같아 보이는 그 방법들은 결국 직접 인내해야 배울 수 있음을 알지 못했다. 내 인생에 시행착오를 허용하지 않고 싶은 오만함이 있었던 것이다. 이런 이유로 나는 인내해야 알 수 있는 것을 '이걸 해서 뭐 하나?', '이미 늦었어.' 등의 말로 회피했다.

혹시 누군가 자신의 삶이 더 나아진다는 느낌이 없다고 느낀다면, 내가 뭘 견디지 못하고 있는지 생각해 보는 것도 좋겠다.

표현과 그 실체가 같을 때 우린 '진실' 이라고 부른다

요즘처럼 생산적인 삶을 위한 정보가 넘쳐나는 시대는 없었던 것 같다. 도서에서는 '자기계발' 분야가 전통의 강자처럼 인기를 오래 끌어왔기 때문에 새롭지 않은데, 유튜브와 같은 SNS를 통해서도 짧은 동기부여나 자극을 받을 기회가 늘었기 때문이다.

하지만 도서 시장에서도 '부자가 되는 법을 말하는 저자는 그 책을 통해 부자가 되었다'와 같은 시선이 있듯, SNS에서도 그와 비슷한 현상이 일어나고 있는 것도 사실이다. 유튜브를 통해 성공을 이야기하고, 부자가 되는 법을 이야기하여 어느 정도 인기를 얻은 후 '그 방법'을 담은 '강의'를 팔아 돈을 번 사람들에 대한 비판이 이전에 비해 많이 보이기 때문이다.

이런 비판이 있는 것은 결국, 그들이 책이나 강의를 통해 수입을 얻을 수 있었던 이유에 해당하는 실체가 불분명하기 때문이라 생각된다.

'학력이 낮지만', '가난했지만', '빚이 많았지만'과 같은 문구와 함께 '짧은 기간', '빠른 성공'과 같은 말이 조합되면서 대중의 이목을 끌었지만, 결국 이들의 가난이나 성공을 표현함에 있어 용인되기 어려울 정도의 과장이 많았거나, 심한 경우 사실이 아니었음이 밝혀져 그들을 믿었던 사람들이 비판을 하게 되는 것이다.

그런 분위기 속에서 〈유 퀴즈 온 더 블럭〉의 '기안84' 편은 이와는 달리 인생을 진실하게 사는 것이 무엇인지를 보여준 것 같아 아마 많은 분들이 울림을 얻지 않았을까 한다.

그는 자신이 이미 설명하지 않아도 될 정도의 성공을 여러 차례 이뤄냈으면서도 그걸 거창하게 혹은 감정적인 표현으로 말하지 않았다. 그러면서도 그는 자신이 지금과 같은 위치에 오르기 전 다른 작가를 보고 배가 아팠다며 부러워했던 모습도 서슴없이 보여줬다. 하지만 그게 끝이 아니었다. 자신에게 기회가 온다면 어느 요일이든 웹툰에서 1등을 할 것이라는 강한 자기 확신이 있었고 자신만의 명확한 목표도 갖고 있었다.

서두에 언급한 비판의 근본적인 이유는 말하는 사람이 전하는 내용과 그들의 삶이 일치되지 않았기 때문에 오는 것인지도 모른다. 하지만 적어도 지금까지 '기안84'가 보여주고 이뤄내고 있는 모습은 겉으로 보이는 것과 그 생각이 일치하는 것 같다.

그리고 사람들은 겉으로 보이는 것과 실체가 같을 때 편안함을 느낀다. 숨겨진 의도가 무엇일까 생각하지 않아도 되고, 보이는 것 그대로를 믿으면 되니까. 언어에서는 표현한 것이 그 실체와 같을 때, 그걸 '진실'이라고 부른다. 그리고 언제나 '진실'은 덤덤하게 존재한다. 표현과 실체가 같으니 들은 것, 본 것이 그대로 존재하기 때문이다. 뒤통수를 맞아 기분 나쁠 것도 없고 없던 게 보여서 놀랄 일도 없다.

그러니 방송에 비친 기안84의 삶에 사람들이 놀라고 재밌어해도, 그것이 자신의 방식이었기 대중의 반응이 신기했을 뿐 덤덤하게 있었던 것 같다.

좋아하는 일을 하면서도 자신의 방식대로 가식 없이 사는 것, 정말 멋진 삶이다.

시작할 땐 그렇지 뭐

이제 책을 내기에 그리 어렵지 않은 사회에 살고 있다. 그럼에도 책을 쓰는 건 일정 분량을 채워야 한다는 압박감이 있고 그렇게 압박감을 이겨낸 글이 읽을 만한 가치가 있어야 한다는 어려운 점이 있다. 하지만 브런치나 블로그처럼 일정 분량을 조금씩 써 나가고 그에 대한 반응을 살펴볼 수 있는 플랫폼을 활용한다면 도움이 된다. 물론 이 경우 쓴 글이 책이 되는 건 기대하기 어려울 수 있다. 나 또한 처음엔 그랬다. 누구나 시작할 땐 부족한 것이다.

나 역시 처음엔 책을 어떻게 써야 하는지 몰랐다. 그렇기 때문에 대학생이었던 나는 도서관에서 책 쓰는 법에 관한 책을 보고 기획서를 만들며 집필을 시작했다. 그 과정에서 친구들의 의견을 들어 수정도 많이 했다.

본격적으로 쓰기 위해 나는 여름방학 시기에 기숙사를 나와 잠시 부모님이 계신 고향으로 내려갔다.

부모님께선 책을 쓰겠다는 말에 다소 황당해하셨다. 그때만 해도 가족 중 그 누구도 내가 지금처럼 계속 쓸 것이라고 아무도 생각하지 못했다. 쓴 경험도 없었기에 당연한 일이었다. 내가 무엇을 하든 믿어주셨던 아버지께서도 책은 아무나 쓰냐며 웃으셨던 기억이 있다.

이처럼 첫 시작 당시엔 나도 그랬고 가족들조차 믿지 않았다. 하지만 방학 동안 나는 원고를 완성했을 뿐만 아니라 출판사와 계약까지 했다. 계약서를 받았을 때 신기해하셨던 부모님의 표정이 아직도 생생하다. 나는 그때 특별하게 확신이 있었던 건 아니었다. 그냥 계획한 만큼 매일 쓰면 책이라고 하기에 충분한 분량이 나올 것 같았고 그럼 계약할 수도 있지 않을까란 마음이었다.

누군가는 글을 쓰며 책을 내겠다는 목표를 갖고 있는 사람도 있을 것이다. 처음엔 이게 될까란 걱정이 있을 수도 있지만 시작할 땐 누구나 그렇다는 생각을 하며 끝까지 써보면 좋을 것 같다.

생각하는 건 머리 아픈 일이다

나는 글을 쓰기 시작하면 어느 정도 마무리될 때까지 계속 쓰는 편이다. 책으로 낼 정도의 분량이라면 이야기가 다르지만, 블로그나 브런치의 글은 어지간하면 완성까진 하는 편이다. 중간에 '이건 망했는데?'라며 마음에 들지 않는 일도 있었다. 하지만 내게 있어 어떤 글도 처음부터 끝까지 이런 경고음 없이 쓰는 일은 거의 없었다. 그래서 일단 쓰기 시작했다면, 쓰는 중 계속 '경고' 알람이 울리는 것이 아니라면 끝까지 가려고 한다.

일단 마무리를 지어야, 쓸 때 마음에 들지 않았던 부분에 대해서도 단순히 '망했다'가 아니라 어떤 부분 때문에 그런 마음이 들었는지를 명확히 알 수 있다. 다른 일도 마찬가지겠지만 특히나 앞으로 계속 글을 쓸 사람이라면, 분량상 현실적으로 어려운 글이 아니라면 끝까지 쓰는 게 좋다고 생각한다. 경험상 어떤 일이든 중도에 손을 놓게 되면 그 일을 제대로 평가할 수 없게 되는 것 같다. 아니라는 마음이 강하게 들면 빨리 그만두는 것도 필요하겠지만 적어도 글쓰기에서는 끝까지 쓰는 것을 권하고 싶다.

그런데 이렇게 끝까지 쓰고자 하는 의지를 꺾는 요소가

많다. 상황에 따라 장애물이 다르겠지만, 조앤 롤링이 《해리 포터》를 집필할 당시 영국에서 자신보다 가난한 사람은 없었다고 말했어도 끝까지 완성한 점을 미뤄 볼 때, 글을 쓰지 못하는 가장 큰 원인은 우리 외부가 아닌 내부에 있다고 할 수 있다.

난 내부에서도 그 원인을 '생각하기'에서 온다고 판단한다. 어떤 글이든 아이디어나 소재가 떠올랐기에 쓰기 시작하지만 그걸 표현해 내는 일은 단순히 떠오르는 것만으로는 부족하다. 때론 논리가 필요하고 비유를 해야 하기도 하며 적절한 표현 방법을 생각해 내야 하기 때문이다. 경험에 비춰볼 때 아이러니하게도 여기서 약간의 성가심이 찾아온다.

'내가 이렇게 좋은 아이디어를 떠올렸는데!'
'이런 느낌이 아니었는데….'
등등.

이렇게 계속 아쉬움이 남으면서도 다시 생각해야 한다는 것에 스트레스가 있었다. 한마디로 아이디어를 떠올렸을 때는 좋았는데 막상 풀어보니 마음에 들지 않으면서도 다시 구상하는 게 불편하고 성가시게 느껴지는 것이다. 하지만 해보지 않아 후회하는 것보단 해보고 후회하는 편이 낫다고 하지 않는가.

첫 문장이 가볍게 시작됐는데 그 이후 말을 만들어가는 과정이 힘들다고 그만두면 가볍게 잘 시작한 첫 문장도 힘을 잃게 되는 것이다. 생각하기가 힘들다고 멈추면 다시 시작할 수도 있겠지만 그전까지 잘 쓴 글들도 포기하는 일이 된다. 앞서 언급한 조앤 롤링도 그랬을지 모른다. 외부에서 오는 스트레스, 잘 안 써진다는 스트레스로 그만뒀다면 우리가 아는 《해리 포터》는 나오지 못했을 테니 말이다.

일단 쓰기 시작했다면 끝까지 써 보자. 그 과정에서 스트레스가 크다면 그 스트레스 크기보다 스트레스로 쓰지 않았을 때의 대가가 더 크다는 걸 생각해 보면 완성하는 데 도움이 될 것 같다.

인생의 정답을 찾아서

이제 막 성인이 되었던 대학 시절 나는 어떻게 사는 게 정답인지 알고 싶었다. 그러다 우연히 수업을 듣다 알게 된 교수님께 그 답을 구하고 싶어 몇 번이고 어떻게 사는 게 좋은지 물었지만, 내가 원하는 답을 듣진 못했다. 그저 지금 할 수 있는 걸 최선을 다해서 하라는 대답만 들었다.

그 당시의 나는 인생엔 '정답'이 있을 거라 생각했다. 이는 '인생을 낭비하면 안 된다'는 강한 믿음에서 기인한 것이었다. 하지만 인생에서 낭비란 무엇인지, 그리고 왜 그렇게 하면 안 되는 것인지에 대해서는 묻지 않았다. 그러다 보니 내게 있어 인생은, 최대한 '효율적인 것', '생산적인 것'이 아니면 최대한 멀리해야만 한다는 생각이 자리 잡았다.

하지만 대학교를 졸업할 무렵쯤부터 내 생각이 잘못되었을 수도 있겠다는 걸 어렴풋하게 느끼게 됐다. 이유는 추구했던 '효율적인 것'이나 '생산적인 것'은 인생에서 상대적인 개념이었기 때문이다.

현재의 나는 과거를 돌아보며 당시의 내가 하지 못했던 효율적인 선택지와 생산적인 선택지를 발견할 수 있었다.

몰랐던 세상을 알게 될 때마다 나보다 더 효율적이고 생산적인 선택을 한 사람들을 만나게 됐다. 그렇게 내가 했던 선택은 자주 아쉬움이 있음을 알게 됐다.

그리고 이런 일이 반복되자 나에 대한 믿음이 점차 사라졌다. 모든 순간을 다 기억할 순 없지만, 분명히 고민했고 고통스러웠지만 버텨냈다고 생각한 순간들이 의미 없는 시간이 된 것 같았다. 이런 생각은 아무것도 하지 않아도 하루를 버겁게 만들었다.

이런 느낌을 받은 이후 나는 '내 인생은 왜 이런 것인가'라는 고민을 오래 했던 것 같다. 그리고 답을 찾을 수도 없을 것 같았다. 스스로도 오랜 시간 답을 찾지 못했는데 누가 이 문제를 해결해 줄 수 있을까란 생각이 들었기 때문이다.

그런데 의외로 이 문제는 후에 다소 싱겁게 해결됐다. 사람은 누구나 이번 삶이 처음이고, 각자의 인생에 사연이 있을 수밖에 없다는 걸 알게 됐기 때문이다. 나뿐만 아니라 누구나 이런 기분은 당연하게 받아들여야 하는 일임을 알게 되었다.

사람은 그리 길지 않은 인생을 살며 그마저도 언제 끝날지 모른다. 그런 인생은 모두가 처음이기에 자신조차도 정확히 알 수 없고, 때론 정답인 줄 알았지만 오답이라 생각하기도 하는 삶을 살기도 한다. 그렇기에 내가 해왔던 고민은 나만의 특별한 것이 아니라 사람이라면 누구나 할 수 있는 당연한 것이었다.

이런 작은 깨달음으로 고민을 조금 내려놓았지만, 아직도 나는 일상에 쫓기고 내가 느끼는 감정도 무엇인지 정확히 알지 못한 채 화를 내기도 한다. 하지만 이것도 인생의 일부라는 걸 이제 조금은 알 것 같다.

가끔은 신은 존재하지 않는다는 생각으로

나는 따로 믿는 종교는 없지만 세상엔 순리가 있고 보이지 않는 힘이 있다고는 생각한다. 그 때문에 좋은 일을 하는 사람에게는 시간이 걸리겠지만 결국 좋은 일이 돌아온다고 믿는 편이다. 그럼에도 불구하고 나는 가끔 이런 일을 하는 신은 존재하지 않는다고 생각하며 살아갈 필요가 있다고 느낀다.

살다 보면 '내가 뭘 그렇게 잘못했길래 이런 일을 겪을까'라는 생각이 드는 순간이 온다. 하지만 그 일이 일어나기 전으로 되돌아갈 수 없을 뿐만 아니라 원인을 찾아보려 하면 할수록 더 억울하고 분한 마음만 커져 간다. 특히 그것이 누군가의 의도적인 행위로 인한 것이라면 쉽사리 다시 일상으로 돌아가기 어렵다. 이런 경험은 그 정도의 차이만 있을 뿐 살아가며 누구나 한 번 이상은 겪는다.

그런데 이때 사람을 더 힘들게 하는 건, 그런 억울한 사정과 관계없이 일상이 흘러간다는 점이다. 그런 억울하고 분한 일이 있어도 똑같이 출근해서 아무 일 없던 것처럼 일을 해야 하고, 또 더 심한 경우에는 자신에게 발생한 일에

비하면 정말 아무것도 아닌 것처럼 보이는 일을 더 심각하고 중요한 일처럼 받아들이며 도움을 줘야 하는 일도 생긴다.

일할 상황이 못 된다고 누군가의 어려움을 해소하기엔 지금 나 자신에게 닥친 어려움이 더 크다는 점을 누군가 이해해 줬으면 하지만, 그런 순간은 오지 않는다. 게다가 그 상황보다 더 나쁜 일이 생기더라도 세상은 무심하게 굴러간다. 너무 힘들지만 그 힘들다는 사실로 스스로를 연민해선 안 된다. 자신을 연민하는 순간, 그런 자신을 누군가 도와주길 바라는 마음이 드는 게 사람이기 때문이다.

그래서 때론 아무도 자신을 도와줄 수 없고 심지어는 그런 신조차 없다고 생각하며 지내야 한다. 세상을 염세적으로 살아야 한다는 뜻은 아니다. 억울하다고 생각하는 그 일을 지금도 누군가는 겪고 있고, 그 일이 언제든 다시 내게도 일어날 수 있음을 인정하며, 그런 세상에서 스스로를 일으킬 수 있는 사람은 나 자신밖에 없다는 차가운 사실을 외면하지 말라는 의미다.

감정을 관찰하는 방법

사실을 기록하는 건 크게 어렵지 않다. 예를 들면, '시험에 합격했냐 떨어졌냐', '축구 경기를 보러 갔냐 가지 않았냐'와 같이 있었던 사실을 기록하는 건 쉬운 일이다. 하지만 감정을 기록하는 일은 어렵다. 눈에 보이지 않고 그 수준 또한 개인차가 크기 때문이다. 게다가 어떤 감정을 느끼는 기준이란 건 객관적으로 존재할 수도 없지만, 어떻게 설명하기도 어렵다.

하지만 인간은 이성보다 감정에 영향을 받는다는 점에서 이를 파악하는 일은 생각보다 중요하다. 실제로 사람은 이성적으로 하지 말아야 할 선택도 감정 때문에 하기도 한다. 그런 측면에서 감정은 인간의 삶에서 상당히 중요한 부분이다. 그렇기에 그저 설명이 어렵고 기준이 객관적으로 존재하지 않기 때문에 감정을 제대로 살피지 않는 건 인생에서 많은 부분을 놓치는 행동이 될 수 있다.

그렇다면 감정은 어떻게 관찰하고 설명할 수 있을까.

나는 거울과 글이 큰 도움이 되는 것 같다. 나도 감정 전문가가 아니기 때문에 어떻게 뭐라고 정확히 설명할 수는 없겠지만, 개인적인 경험으로는 앞선 두 가지 수단이 도움이 됐다. 어떤 감정을 느끼면 우리는 그것이 표정으로 드러난다. 하지만 그 감정을 느끼는 당사자가 짓는 표정은 스스로에게 너무 자연스러워 표정을 짓고 있다는 것도 느끼지 못할 수 있다. 그래서 거울을 보면 자신이 느끼는 감정을 시각적으로 관찰할 수 있다.

다음으로는 글이다. 감정은 말로 설명하기엔 너무 급진적이다. 순간적으로 들었다 또 사라진다. 그래서 그 순간을 기록할 수 있는 글이 도움이 되는 것 같다. 게다가 글을 쓰다 보면 내부에서 빠르게 움직이는 것들이 차분해지는 기분도 들어 조금 더 잘 관찰할 수 있다. 또한 글로 쓰는 표현이 자신이 느끼는 감정과 얼마나 유사한지 확인이 가능하다는 장점도 있다.

개인적으로 글로 기록하는 감정은 정서 안정에도 큰 도움이 되는 것 같다. 감정의 원인이 감정과 인과관계가 맞지 않는 경우도 종종 있기 때문이다. 평소 감정적인 행동을 많이 하는 사람이라면 글로 기록해 보는 것도 좋은 방법이다.

그렇게 발버둥을 쳤건만

요즘은 이상하게 내가 해온 생각을 다시 살펴보는 일들이 많다. 얼마 전에 쓴 〈진짜는 정말 흔들리지 않을까?〉도 같은 맥락이다. 이번에는 '효율'에 대한 이야기다. 나는 빨리 뭐든 하고 싶고 빠르게 이뤄내고 싶었다. 이유는 효율적이지 못한 삶은 실패한 인생 같았기 때문이다. 그래서 짧은 시간에 뭐든 해내야 인생은 성공한 것이라 믿었다.

그런데 시간이 지나고 사회에 나와 보니 그렇게까지 아등바등했음에도 불구하고 내가 원하는 곳에 도달하진 못했음을 알게 됐다. 나쁘지 않은 상황이었으나 머릿속에는 '언제까지 이렇게 살아야 하지?'라는 생각이 가득했고, 겉으론 의욕이 가득해 보였지만 언제든 그만하고 싶었다. 사실상 의지가 바닥난 상태였다.

지금까지 해온 게 있고 살아온 방식을 부정하고 싶지 않았기에 나를 돌아볼 생각은 절대 하지 않았다. 돌아보는 순간 '틀렸다'는 걸 인정하는 것 같았기 때문이다. 이런 아집 때문에 몇 년 동안 스스로를 괴롭히며 크게 발전도 없는 상태로 지냈다. 그러면서 하나씩 내려놨고, 어느 날엔 동생으로부터 내 인생이 허무할 것 같다는 이야기도 들었다.

인생이 안 풀린다는 생각이 가득하고 나의 한계가 명확하다고 생각되니, 그때가 돼서야 나는 내 방식을 살펴보기 시작했다. 내가 한 생각들의 문제는 다음과 같은 유형으로 나눠볼 수 있었다.

1. 근거가 명확하지 않음.
2. 표현의 의미가 정확하지 않음.
3. 나도 인간이라는 점을 간과함.

언제나 효율적이어야 한다는 생각은, 무엇이 효율적인가에 대한 진지한 답이 없는 채 막연하게 했던 생각이었다. 효율에 대한 의미도 정확하지 않았다. 또한 이런 생각이 틀릴 수도 있는데 그 점을 부정했다.

이런 과정을 거치며 한 가지 알게 된 사실이 있다. 사람이 잘 변하지 못하는 이유는 자신의 사고방식에 의문을 갖지 않기 때문이라는 점이다. 나 역시 내가 하는 것이 효율적이라고 생각했으나, 그것은 무엇이 효율적인지 생각해 보지 않은 행동이었다. 하지만 그게 의심은 하지 않았다. 그렇게 발버둥을 쳤건만 근본이 잘못된 줄도 모르고 허공에 발을 휘젓고 있던 것이었다.

바꿀 수 없는 근본적인 것에 대해선, 깊이 고민하고 여러 각도로 봐야 하는 이유가 여기에 있는 것 같다.

진짜는 흔들리지 않는다고?

인스타그램 등 SNS를 보면 좋은 글귀를 쉽게 만날 수 있다. 자극이 되는 경우도 있고 생각하지 못한 부분을 긁어주기도 한다. 그런데 누구나 쉽게 접근할 수 있다 보니 받아들이는 것에 있어 조금은 주의가 필요하단 생각도 든다. 최근 내가 본 글귀는 "진짜는 흔들리지 않는다."라는 것이었다. 취지는 자기가 집중해야 할 '본질적인' 것에 초점을 맞추면 외부의 의견, 시선 등으로 나아가지 못할 일이 없음을 보여주고자 한 것이다.

여기까지만 생각하면 괜찮다. 그런데 누군가 '진짜는 흔들리지 않는다고 하는데, 나는 흔들리는 걸 보면 아직 진짜를 찾지 못했나 봐.'라는 생각을 하는 건 위험하다. 인생에서 중요한 일은 결코 단순하지 않기 때문이다. 좋아한다고 할 때, 그 '좋다'라는 것엔 여러 이유가 존재한다. 그리고 그 이유 중엔 언어로 설명할 수 없는 것도 있을 것이다.

그렇다면 정말 '진짜'가 있는 것일까? 만약에 존재한다고 하더라도 인간이 본질적인 것에만 초점을 맞추는 게 가능할까?

나는 아니라고 생각한다. 내가 볼 때 흔들리지 않는 사람은 없고, 외부의 시선에서 자유로운 사람도 없다. 이런 관점에서 볼 때 적어도 인생에서 만큼은 단정 짓는 표현은 적절하지 않다. 하지만 많은 사람들이 몇 초밖에 집중하지 않는 SNS 게시물의 특성상 여러 가능성을 감안해 길게 설명하는 건 적합하지 않다. 다방면으로 고민하고자 한다면 책을 읽든 깊이 생각하는 시간을 갖는 게 맞다.

SNS의 멋지고 단정적인 표현에 이끌리는 건 자신은 그러지 못하다고 생각하기 때문일 것이다. 하지만 결단력 있고 자신감 있는 사람이라고 하더라도 항상 그런 것만은 아니듯, 부족하다고 느끼는 사람도 늘 부족한 것만은 아니다. 이런 관점에서 본다면 간혹 보이는 SNS의 단정적인 표현엔 너무 몰입할 필요는 없을 것 같다.

잠시 책 읽기의 가치를 부정했던 시간

얼마 전 친구와 우연히 대학 시절 이야기를 하게 됐다. 그러면서 수능시험의 언어 영역에서 낮은 성적을 받았던 일도 이야기했다. 그러자 친구는 굉장히 의외라고 말했다. 아마 추측하건대 지금은 책도 많이 읽고 글도 계속 쓰고 있으니 언어 영역에서 좋은 성적까진 아니어도 낮은 점수를 받을 거라곤 생각하지 않았던 것 같았다.

하지만 나는 대학교에 입학하기 전까지 제대로 읽은 책이 거의 없었다. 책을 왜 읽어야 하는지도 몰랐고, 굳이 읽어야 하나라는 생각도 했었다. 그러나 대학교에 입학한 후 영자신문사 기자 활동을 시작하며 책을 읽기 시작했다. 어떤 책이든 관계없이 습관이 들 때까지 꾸준히 읽기 시작했고, 그 덕분에 지금도 독서하는 습관을 유지하게 됐다. 당연한 일이지만 지금까지 유지하는 건, 독서가 가치 있다고 생각하기 때문이다.

그러나 나는 업로드하진 않았지만, '독서'는 예전만큼 가치가 있지 않다는 주제의 글을 쓴 적이 있었다. 당시의 나는 '독서'가 무슨 인생의 만능 키처럼 주장하는 게 싫었다.

예를 들면 이런 것이다.

'성공하고 싶습니까? 독서하세요.'
'부자가 되고 싶습니까? 독서하세요.'

독서가 설사 성공한 사람들의 공통점이라고 해도, 요즘은 책이 아닌 영상 등을 통해서도 충분히 정보를 얻을 수 있다고 생각한다. 그 때문에 독서를 하면 성공하거나 부자가 될 수 있다는 식의 주장은 지극히 상업적이라 느껴져 보기 싫었다. 나중에는 반감도 생겼다. 독서를 하지 않고 성공한 사람도 있을 것인데, 가장 쉽고 만만한 독서를 책을 팔기 위해 이용하는 것 같았기 때문이다.

그래서 잠시 동안 책을 읽지 않았다. 대신 유튜브를 봤고 인스타그램으로 자기계발 사진이나 영상을 봤다. 처음엔 충분히 책을 읽는 것처럼 유용하다고 느꼈다. 그런데 시간이 지나니 영상이나 사진을 보는 시간은 긴데 행동으로 옮기는 건 없었다.

행동하고자 하는 동기가 전혀 생기지 않았던 것은 아니었지만, 결과적으로 나는 행동하지 않았다. 게다가 이런 콘텐츠들은 처음엔 내가 찾아서 시청하지만, 나중엔 알고리즘을 통해 자동으로 보여주니 절박하게 얻고자 하는 마음이 들지 않았다.

그리고 어느 정도 시청하고 나면, 재미를 위한 영상들을 봤고 점점 그 시간은 늘어났다.

영상과 사진이 충분히 책을 대신할 수 있을 거라 생각했는데, 능동적인 상호작용도 없이 주는 것만 보고 있으니 머리에 남은 게 없었고 행동으로 옮기지도 않았다. 그리고 무의미한 콘텐츠를 보며 더 많은 시간을 보내고 있었다.

책을 읽는다는 건 단순히 정보만 얻는 게 아니었다. 책을 선택하는 과정에서 지금 내게 필요한 것이 무엇인지 정의하게 되고, 책을 끝까지 읽는 시간은 많은 시간이 요구되므로 이 과정에서 책과의 상호작용이 이뤄진다. 그러면서 본인에게 중요한 것이 무엇인지 혹은 내 생각의 문제가 무엇인지 느끼게 된다. 이는 내가 볼 때 명확히 수동적으로 정보만을 받아들이는 유튜브 등의 시청으론 얻지 못하는 것이었다.

그렇게 나는 결국 다시 책으로 돌아왔다. 그리고 돌아와서 생각해 보니, 앞으로 세상은 더욱 경쟁이 치열해진다고 하는데, 책을 읽는 인구가 점점 줄어드는 걸 보면 그렇지도 않을 것 같다는 느낌도 들었다.

모순된 행동을 하는 개인이 모인 곳이 바로 사회

직장인이 받는 스트레스 원인 1위가 '사람', 즉 인간관계였다[2]. 다들 자신의 마음처럼 행동하지 않는 데다 살아온 환경도 다르고 업무 태도도 다르다 보니 크고 작은 갈등이 생기기 쉽다. 인간관계로 인한 스트레스가 참 어려운 것이, 지금의 직장 내 인간관계가 싫다고 도망을 쳐봐야 또 다른 인간관계로 스트레스를 받게 된다는 점이다. 혼자 섬 같은 곳에서 사는 게 아닌 이상 인간관계로 인한 스트레스는 벗어날 수 없다고 해도 과언이 아니다.

이런 점 때문에 사실 사람에게는 법으로 강제할 정도는 아니지만 가정교육 등을 통해 어느 정도 갖추었을 것이라고 기대되는 태도가 있다. 여기에는 쓰레기를 길에 버리는 행위, 층간소음 등과 같이 경범죄로 처벌될 수 있는 것들부터 대화할 때 상대방의 이야기를 경청하는 것과 같은 일상 속 배려도 포함된다. 그러나 많은 사람들이 의도하지 않게 예의에 어긋나는 태도를 보이기도 한다. 행위자가 심적으로 코너에 몰려 있을 수도 있고, 단순히 귀찮아서 그럴 수

---

2 파이낸스뉴스, 김성훈, "[리서치] '인간관계로 스트레스 자주 느낀다'…직장 내 관계가 1위" 2025. 5. 22. 기사

도 있다. 어쨌거나 피해를 입는 입장에선 정확한 이유를 알지 못한 채 불편함을 감수하는 상황이 생길 수 있다.

개인적인 생각으로는 행위자의 상황을 알게 된다면 충분히 이해할 수 있는 경우도 있다고 본다. 그러나 문제는 대개의 경우 이를 알 수 없다는 점이다. 그렇기 때문에 인간관계로 스트레스를 받는 것 같다. 나 역시 이런 부분에서 심한 스트레스를 받기도 한다. 그러나 나 또한 누군가의 배려로 지적받지 않았을 뿐 잘못된 행동을 할 수 있음을 생각해 본다면 조금은 관대해질 필요도 있다. 이는 비단 타인과의 관계에서 인지하지 못하는 사이 나도 잘못할 수 있음을 인정하는 것에서만 오지 않는다. 대부분 사람들은 본인의 삶에서 도움이 되는 행동이 무엇인지 알면서도 그와 반대되는 행동을 하며 자기 합리화를 하기 때문이다.

그렇다면 그런 모순된 행동을 하는 개인이 모인 사회에서 인과관계로 인한 스트레스는 필연적인 것이 아닐까란 생각도 해본다.

관심이 없으면 쓴소리도 없다

대학교를 졸업하고 사회에 나온 후엔 확실히 누군가로부터 쓴소리를 들을 일이 확연히 줄어들었다. 사회는 기본적인 건 다 배웠다고 생각하고 돈으로 각자의 수행능력을 평가한다. 그리고 재차 기회를 주기보다는 기대에 못 미치는 결과를 가져온 사람 대신 같은 돈으로 잘할 수 있는 사람을 구한다. 친구나 가족이 아니라면 계약에 따라서 각자의 역할을 해내는 것이 중요한 것이다.

그러다 보니 누가 말하지 않아도 스스로 노력할 수밖에 없다. 만약 쓴소리를 듣고 싶다면, 학교와 달리 비용을 내야 한다. 호의가 아니라면, '아직 당신은 배우는 과정에 있으니까'라는 넓은 아량으로 그냥 제공되는 것은 없다. 쓴소리를 듣기 싫어했던 학창 시절과 달리 누군가 자신이 올바르게 살 수 있도록 가르쳐줄 수 있다면, 기꺼이 돈을 지불하겠다는 사람이 있는 게 현실이다.

나는 얼마 전 이 쓴소리를 배우자로부터 듣게 됐다. 사무실로 출근하는 시간을 제외하면 가장 많은 시간을 보내고 또 나를 가장 잘 아는 사람이 바로 배우자일 것이기에 그 쓴소리를 그냥 넘겨들을 순 없었다. 내게 한 이야기의 요지는 다음과 같았다.

"선택을 했으면 다른 길을 찾지 말고 끝까지 최선을 다해라."

내가 A라는 선택지를 골랐다고 말해 놓고 B라는 선택지에 관한 이야기를 하자 듣게 된 말이었다. 분명히 선택했을 때는 나름대로의 이유가 있었다. 이후 몇 가지 이야기를 더 덧붙였지만, 다 맞는 말이었다. 안타깝게도 나는 인정받지 못할 것 같으면 내가 선택한 일이라도 쉽게 포기하는 경향이 있었다. 말로는 끝까지 해봐야 배우는 게 있다고 떠든 사람이 바로 나였기 때문에 끝까지 하라는 이야기에 꿀 먹은 벙어리가 될 수밖에 없었다.

점점 나이를 먹어 갈수록 해오던 행동이나 생각을 바꾸기 어렵다고 말한다. 무의식적으로 반복하여 생각과 행동이 굳어진 줄도 모르고 살기 때문도 있겠지만, 나이 들수록 다른 사람의 삶에 관심을 갖지 않기 때문도 있다. 평소 할 일이 없어 다른 사람의 삶을 자신의 삶보다 더 들춰보며 떠드는 사람이 아니라, 최소한 배울 점이 있는 사람의 이야기라면 쓴소리는 감사하게 생각해야 한다.

역시 '그릇'이 중요해

그릇은 음식 등을 담는 용기를 말한다. 이런 의미의 그릇을 사람에게 적용하면, 그 일을 마땅히 해낼 능력 등을 설명하는 표현이 된다. 나는 이런 그릇은 사회가 빠르게 변하여 뭘 해야 할지 모르는 사람이 많아진 요즘 같은 때에 더 중요하다고 생각한다. 하지만 그릇은 명확히 설명하기 어려운 부분이 있다. 객관적으로 평가하기 어려운 가치들은 각자가 주관적인 기준을 갖고 있기 때문이다. 대체 그릇이 큰 사람은 어떤 사람인지, 그저 어려워 보이는 일을 해내면 그게 큰 그릇을 가진 사람인 것인지, 아니면 불평불만 없이 해내는 사람이 큰 그릇을 가진 사람인지 명확히 알 방법이 없다. 그렇다고 단순히 업무 능력만으로 설명하기도 어렵다. 그럼에도 불구하고 우리는 사람을 설명할 때 '그릇'이라는 표현을 쓰고 있다. 그렇다는 건 분명히 사람들 사이에 통용되는 무언가가 있기 때문일 것이다.

나는 이 '그릇'이 '어떤 경험이든 관계없이 그게 자신의 인생에 도움이 된다고 생각하는 태도'라고 생각한다. 주변에 많은 사람들을 본 것은 아니지만, 그게 경제적인 어려움이든 시간이 걸리는 일이든 어떤 일이든 관계없이 잘 해나가는 사람들은 지금 당장 보이는 문제로 좌절하지 않았다.

내가 볼 땐 충분히 걱정이 될 만한 일로 보였는데도 그러지 않았다. 실제로 한번은 걱정이 되거나 불안하지 않냐고 묻기도 했다. 하지만 이들은 문제를 외면하고 있던 것이 아니었다. 그게 충분히 문제가 된다는 걸 알고 있지만, 과정으로 여기거나 자신이 충분히 해결할 만한 일이라고 믿고 있음을 느낄 수 있었다. 그런 모습을 보면서 나는 이게 '그릇'이라고 느꼈다.

문제를 외면하는 게 아니라 문제가 충분히 통제 가능하다는 믿음, 그리고 그걸 해낼 능력이 자신에게 있다는 자신감이었다. '그릇'까지 이야기해야 할 정도의 수준은 단시간에 도달할 수 없다. 시간이 필히 필요하다. 그 과정에서 그릇이 큰 사람은 근본적인 해결을 하기 위해 노력한다. 주먹구구식의 문제 해결이 아니다. 그렇기에 그들도 사람이라 방법을 찾지 못하더라도 빠르게 물러서지 않는다.

힘든 그 과정을 온전히 겪는 것이다. 이런 과정을 어렵지만 필요한 일이라고 생각하는 사람이 얼마나 있을까. 그리고 이런 생각에 이르렀으나 실제 행동으로 옮기지 못하는 사람은 또 얼마나 많을 것인가. 하지만 이들도 처음부터 이러한 태도를 갖고 있던 건 아닐 것이다. 시도했다가 주저하기도 하고, 그만하고 싶기도 한 순간들을 여러 차례 그것도 분야에 관계없이 겪었을 것이다. 그래서 나이 든 사람들이 공통적으로 무슨 일을 하든 끝까지 최선을 다해 보라고 하는 것이다. 성공하지 못하더라도 그렇게 하면 무언가 배우는 게 있고 성장으로 이어지기에 '그릇'이 커가는 게 아닐까 한다.

요즘은 그 어느 때보다 배움의 기회가 많고 나이에 관계없이 성공할 수 있다는 이야기를 쉽게 찾아 볼 수 있는 시대다. 그래서 오히려 기본에 가까운 이야기를 하면 시시하다고 생각할지 모르겠으나, 힘들면 쉬고 싶은 사람의 본질은 변하지 않는다. 또한 인간도 자연의 일부로서, 자연엔 과정 없이 되는 일은 없기에 요즘처럼 효율을 생각하는 이 시기야말로 근본적인 것들에 눈을 둬야 한다고 생각된다.

경계에 있다는 건 불편하다

나는 책을 쓰기도 하지만 대부분의 시간을 행정사 사무소를 운영하며 보내고 있다. 행정사라는 이름을 처음 들어본 사람도 많을 것이다. 과거 공무원 경력이 있는 사람이 아니라면 서술형인 2차 시험까지 보아야 하지만 인지도 있는 일은 아니다. 그러다 보니 간혹 사석에서 알게 된 어떤 분들은 내게 "그걸로 먹고살 수 있나요?"라고 묻는 경우도 있다. 과거와 달리 어떤 일이든 자신이 하는 만큼 가져간다고 생각하지만, 위와 같은 질문을 하는 사람의 의도는 '투자(공부 시간)를 할 만한 기댓값이 있는 자격인가?'라는 걸 묻는 것이라 생각한다. 이건 사람마다 차이가 크니 답하기 어렵다.

어쨌거나 나는 이 일을 몇 년간 해오면서 그 경험을 바탕으로 《누구나 할 수 있는 일상 속 행정심판》이라는 책도 썼고 나름대로 업무를 하며 계속 연을 맺고 있는 사람들도 있다. 그래서 나는 '이 일이 딱 맞다'까진 아니더라도 내가 기대한 것보다 잘해 나가고 있다고 생각한다.

그런 이 일의 어려운 점 하나는, 명확하게 답을 내리기 어려운 일이 종종 있다는 것이다. 주로 행정심판과 관련된 사건에서 이런 일이 생기는데, 문의하는 분들은 100% 확답을 얻고 싶어 한다. 하지만 행정심판도 재판과 유사하여 청구하는 모두가 이길 수 없다. 사회적으로 볼 때 이기는 일이 많이 생겨서도 안 된다. 다수의 행정심판 청구가 영업정지나 자격취소와 같은 '제재적 행정처분'을 두고 다툰다는 점을 생각해 볼 때, 행정심판의 인용률이 높아진다는 것은 그만큼 행정청의 위법한 혹은 부당한 행정처분이 많다는 뜻이 되기 때문이다. 그렇기에 2021년 기준 행정심판 인용률은 19.7%로 문의하는 입장에서 볼 때 크게 높지 않은 편이다.

경험과 과거 판례, 행정심판 재결례를 토대로 어느 정도 될 것이다라는 설명은 드릴 수 있지만, 그게 다 맞는 건 아니다. 더욱이 실제로 이건 된다는 확신을 가졌던 사건에 대해 진 적도 있으니 말이다. 그러다 보니 경험이 쌓일수록 명확한 답변을 원하는 문의자들에게 좋은 이야기를 해주지 못할 때도 많다. 사람이 하는 일이므로 당연한 결과라 생각된다. 누구든 손님으로 온 사람에게 좋은 결과를 주고 싶지 않은 사람은 없다.

나는 이런 상황은 시간이 가면 자연히 해결될 거라 생각했는데, 여전히 익숙하지 않다. 대신 왜 불편한지에 대한 답은 조금씩 알게 됐다. 답은 '경계'에 있기 때문이었다. 사람은 확실한 걸 원하는데 이 일은 그렇지 못한 경우가 많다는 뜻이다. 요즘도 이런 순간을 마주할 때면 홀로 있을 때 잠시 정신이 가출했다가 돌아오는 기분이 들기도 한다. 무슨 일이든 어려움이 없겠냐만은 익숙해지지 않는 이 불편함이 주는 고민은 가벼워지지 않는 것 같다.

이유를 설명하지 말자

최근 공부를 나름대로 열심히 하고 있자니, 고등학교 3학년 수험생으로 돌아간 것 같은 기분이다. 고등학교를 다닐 때 나는 공부를 잘하는 편이 아니었다. 그래서 어떻게 하면 공부를 잘할 수 있을까를 고민하며, 읽지도 않았던 책을 찾으며 공부 방법을 찾기도 했다. 그때 고3이라면 누구나 한 번쯤 읽었을 《고3혁명》이라는 손주은 대표의 책을 보기도 했다. 지금은 내용이 잘 생각나지 않지만, 그 책을 보고 난 후 공부도 도를 닦는 것과 비슷하단 느낌을 받았던 기억이 있다.

그런데 최근 공부를 하며 답안을 써 내려가고 있자니, 그때와 조금은 비슷하게 공부 중 내 인생에 대한 생각을 하게 됐다. 내가 공부하는 내용은 명확한 용어를 넣어 서술하는 게 필요한데, 서술하는 과정에서 주요 키워드가 생각나지 않으면 어떻게든 그와 비슷한 말을 만들기 위해 부연 설명을 하는 내 모습을 보게 됐다. 그리고 이런 모습을 보며 이런 생각이 들었다.

'잘 모르니까 말이 길어지는구나.'

명확히 알고 있다면, 1~2개의 단어로 설명할 수 있는데 그 용어를 기억하지 못하니 말이 길어지는 것이었다. 그런데 이건 나의 삶과도 비슷한 점이 많았다. 약점이 될 수 있는 부분에 대해 지적을 받으면 혹은 언급해야 한다면 스스로를 방어하기 위해 왜 그런 상황에 왔는지, 왜 약점이 아닌지 등을 설명하려 했으니 말이다. 말이 길어진다는 건 내가 그 분야에 자신이 없다는 뜻이었다. 또한 약점이 아님에도 누군가에게 길게 설명하는 일이 있다면 그건 상대방에게 '내가 맞다, 나를 지지해 줘라'라는 의도가 포함된 행동이었다.

다른 사람에게 나를 100% 이해시키는 건 불가능하고 그렇게 100% 이해시켜야만 하는 일도 많지 않다. 즉, 자세한 설명을 요구받은 게 아님에도 내가 설명을 더하고 있는 중이라면 그건 내가 자신 없어 하거나 지지를 원하고 있는 건 아닌지 생각해 볼 일이다. 시작 전에 자신 없어 하거나 지지를 받아야만 움직일 수 있다고 믿는다면, 안타깝지만 결과는 뻔하다.

그러면 어떻게 해야 할까? 설명을 덧붙이지 않으면 된다.

약점이라고 생각되는 일이라면 인정하고 끝내면 된다. 덧붙일 필요가 없다. 설득이나 지지 목적의 설명을 하려고 한다면, 잠시 참아내고 그렇게 지지를 받아야 하는 이유가 뭔지를 생각해 보면 된다. 여기까지 생각이 미친다면 굳이 그 설명을 꺼내지 않을 테니 말이다.

이런 느낌을 받고 난 후 설명을 줄이기 시작했더니, 나를 조금 더 명확히 인지할 수 있었다. 앞으로 나아가지 못하면서 나아가고 있다는 느낌만 받았던 순간들이 조금 더 선명하게 보였다. 내 인생을 설명하려 한 것 중 대부분은 하지 못한 일에 대한 변명이었던 것 같다.

호들갑 떨지 않으면 생기는 일

* 호들갑: 경망스럽고 야단스러운 말이나 행동. (표준국어대사전 참조)
* 야단스럽다: 보기에 매우 떠들썩하게 일을 벌이거나 부산하게 법석거리는 데가 있다. (표준국어대사전 참조)

나는 내가 생각해도 호들갑이 심한 편이다. 무슨 일을 하면 그냥 조용히 하는 편이 잘 없었다. 티를 내고 싶어 안달이라고 해야 할까. 정확히 설명하긴 어렵지만 비슷하다. 어떤 일을 하면 그 일이 얼마나 힘든지, 혹은 얼마나 가치 있는지를 자주 이야기했다. 그래 봐야 그 일이 더 힘들어진다거나 혹은 더 가치가 생기는 것도 아니었고 그 반대도 아니었지만 나는 종종 그랬다.

그러던 어느 날 호들갑을 떨고 집으로 돌아가는데, 외면하고 있던 불편함이 느껴졌다. 가만히 그 불편함에 대해 생각해 보니 '그렇게 말하면 뭐가 달라져?'라는 의문이 들었다. 어차피 해야 할 공부는 떠들든 그렇지 않든 분량이 바뀌는 것도 아니고 난이도가 달라지는 것도 아닌데 왜 그렇게 호들갑이었던 것인지 의문이 든 것이다.

이런 의문에 부끄러웠지만 이상하게 마음이 차분해졌다. 떠들어 봐야 내게 도움이 되는 건 단 하나도 없었다. 오히려 호들갑을 떨어봐야 내가 해야 할 일에 필요한 노력이 10 중에 3 정도라면 마치 10이 들어가야 할 것처럼 느껴졌다. 실제로는 3밖에 노력하지 않았지만 스스로 10 정도의 노력을 했다고 생각하는 것이다.

이쯤까지 생각이 미치고 나니 해야 할 것들을 끝냈을 때 왜 보람을 느끼지 못했는지 알 수 있었다. 시작 전 과장하며 떠들었으나 실제로 체감되는 건 그 정도가 아니기 때문이었다. 스스로 자초한 일이었다. 그리고 이런 행동의 이유도 조금은 알 수 있었다. 하는 일에 관계없이 지금의 나에 자신이 없었던 것 같았다. 나 자체로는 부족하다는 생각, 그래서 내가 하는 일에라도 뭔가를 덧붙여서 떠들고자 했던 것이다. 하지만 그건 인생에 어떤 도움도 되지 않았다.

내가 경험해 보니 세상에 존재하는 일(직업에 국한하는 것이 아니며, 공부든 운동이든 누군가 하는 일을 말함)이란, 각자가 체감하는 정도만 다를 뿐 그 일 자체는 늘 그대로였다. 누군가에게 특별히 더 힘들거나 특별히 뭔가를 더 요구하지 않는다는 뜻이다. 지난 시간을 생각해 보니 호들갑 떨지 않을수록 더 내 삶에 집중할 수 있는 것 같다.

'한 번 더'의 아름다움

최근에 한 출판사로부터 책을 제공받아 읽어보게 됐다. 그 책은 소설이었는데 10회 이상 진행되고 있는 상도 받은 작품이었다. 상을 받았다는 것과 관계없이 나는 소설을 많이 읽는 편이 아니었고 소재도 취향이 아니었지만, 앞으로 새로운 작품을 만들어야 한다는 생각에 자극도 받을 겸 읽어보게 됐다.

자연스럽게 시작한 독서는 아니었지만, 책을 읽고 난 후 이 작품은 충분히 수상 자격이 있다고 느꼈다. 아마 상을 받았다는 사실을 알지 못했더라도 좋은 평가를 했을 것이다. 책을 써 본 사람은 알겠지만, 소설의 경우 아무것도 없는 상태에서 작가가 기획도 하고 글도 써야 한다. 그런데 책으로 나올 정도라면 길이가 있다 보니 작가도 사람인지라 흐름상 개연성이 떨어지는 등의 허점이 있을 수 있는데 그런 부분을 느낄 수 없었다.

자기계발서와 다르게 소설은 독자로 하여금 흥미와 몰입을 유발해야 하는데, 경험에 비춰볼 때 디테일에서 이를 방해하는 지점이 생길 수 있다. 읽는 사람마다 차이는 있겠지만 나는 저자가 그 책을 쓰는 데 상당히 많은 시간을 쏟았을 뿐만 아니라 퇴고도 오래 거쳤을 것 같았다.

책을 다 읽은 후 나라면 솔직히 그렇게까지 노력을 기울이진 못했을 것 같았다. 아마도 나는 좋은 작품을 만들어 보이겠다는 생각보다는 책을 내겠다는 것에 초점이 더 맞춰져 있기 때문일 것이다. 그래서 책을 보면서 역시 기획, 문장력도 중요하지만 그 작품을 얼마나 끝까지 물고 늘어지는가가 중요하다는 생각이 들었다.

최근에 본 아리카와 마유미 저자의 책《인생을 바꾸는 말 인생을 망치는 말》중에는 다음과 같은 내용이 있었다.

"성공한 작가들은 아무리 경력이 길어도 하루에 몇 시간 이상씩 책상 앞에서 정보수집을 게을리하지 않았습니다. 우쭐해지거나 방심하지 않고 그저 한결같이 계속 글을 쓴다는 공통점이 있었습니다. 유명한 사진작가 중 한 명은 업무 외 시간에도 무거운 카메라를 들고 다니며 끊임없이 셔터를 누릅니다. '기적의 한 장'이라 불리는 작품은 방대한 작업량과 갈고닦은 센스가 빚어내는 것이겠지요.

그런 '기적의 전문가'를 보고 얻은 교훈은 '자기 일에 몰두하고 있으면 기적은 알아서 일어난다'는 것입니다. 기적은 신의 변덕으로 일어나는 불가사의한 것이 아닙니다."

결국 기획을 할 때부터 몇 번이고 다시 붙잡고 바꿔보며 최선을 찾고, 쓴 문장에는 아쉬움이 없는지 살피며 한 번 더 돌아보는 행동이 성공한 사람들에게 공통적으로 있었다는 뜻이다. 나도 지금처럼 가볍게 많이 쓰는 것도 나쁘지 않지만, 앞으로는 작품을 만들겠다는 마음이 들면 '한 번 더' 살펴보겠다는 태도로 써 봐야겠다는 마음이 들었다.

극적인 변화는 없다

극적인 순간은 늘 짜릿하다. 지난 아시안컵 대회 중 호주와의 8강 경기에서 우리나라 대표팀은 1 대 0으로 끌려가던 중, 후반 추가시간에 손흥민 선수가 만들어낸 PK기회로 연장전 승부 끝에 4강에 진출했다. 이런 극적인 순간은 늘 짜릿하고 강한 인상으로 기억에 남기 마련이다. 그렇기 때문일까. 자신의 인생에서도 지금과는 다른 결과를 만들어 줄 것 같은 그런 극적인 순간을 기대하곤 한다.

지금까지 총 9권의 책을 쓰면서, 언젠간 내 작품이 인기를 얻는 순간이 올 거라고 믿었다. 그리고 이때가 오면 과거 글들도 재평가받게 될 것이란 마음을 갖고 있었다. 하지만 지금과 같은 방식으로 계속 글을 쓴다면 기대한 극적인 변화는 오지 않을 것이 분명했다. 다른 결과를 원한다면 다른 방식으로 행동해야 한다는 단순한 원칙도 지키지 못했기 때문이다.

하지만 이 단순한 원칙을 지키기 어려운 이유가 있다. 바로 일단 했다는 만족감 이상의 수준을 목표로 하지 않기 때문이다. 그렇기에 바로 결과로 이어지지 않는 귀찮은 일들을 반복하고 싶지 않고, 이 정도면 충분하다는 생각에 더 이상 수정하지 않는다. 어쨌거나 결과를 만들어냈다는 만족감이 최우선이었던 것이다. 내 경우 다른 결과를 얻고자 한다면 이런 번거로움을 감수해야 한다.

그렇기에 글도 그렇지만, 어떤 일이든 누군가로부터 인정받는 건 대단한 일이다.

요즘 내가 읽고 있는 책 《당신은 사업가입니까》의 추천사에서도 이와 비슷한 뉘앙스의 이야기를 발견할 수 있었다. "Un-Marketing"의 사장인 스콧 스트라텐은 이 책의 추천사에서 "'성공을 위한 10가지 단계' 따위의 사탕발림 같은 책"은 성공 근처에 가게 하지도 못한다고 말했다. 한마디로 짧은 시간 요령으로 빠른 성공을 이뤄내게 하는 극적인 변화를 기대하는 건 그 변화를 기대만 하게 할 뿐 결국 현실로 이루는 데 도움이 되지 않는다는 이야기다.

글쓰기든 인생이든 잘 풀리지 않을 때 답답한 마음에 극적인 변화를 꿈꾸기도 하겠지만, 결국 극복하기 위해선 단조롭고 귀찮은 일들을 해나가는 수밖에 없다는 걸 잊지 말자.

미흡할지도 모른다는 불안감

새로운 일을 시작하면 누구나 어색하다. 그러나 조금 시간이 지나면 익숙해지고 처음에 느꼈던 불편함은 사라지기 마련이다. 하지만 이런 순간을 넘어 계속하다 보면, 분명히 계속해 왔음에도 불구하고 발견하지 못한 문제나 처음에 느끼지 못했던 불편함을 발견하기도 한다. 해온 일이 많지 않아 여러 사례를 들긴 어렵지만 적어도 내 인생에서는 글쓰기가 그랬다.

내 경험상 글쓰기에서 처음보다 더 어려워진 건 '확신'을 갖는 일이었다. 나는 첫 책인 《백만 원으로 호주 워킹홀리데이 다녀오기》를 대학교 여름방학 기간 동안 완성했고 계약도 끝냈다. 그땐 확신을 갖고 쓰는 게 크게 어렵지 않았다. 애초에 확신이란 건 집필 과정에서 고려 요소가 아니었다. 이게 무슨 말이냐면, 내가 경험한 것이 호주 워킹홀리데이에서 어느 정도 답이라고 생각하고 있었기 때문에 집필 내용이 틀렸거나 내가 쓴 내용에 오해가 있을 수 있음을 고려하지 못했다는 뜻이다. 그랬기에 나는 빠르게 집필에만 몰두할 수 있었다.

하지만 시간이 지나면 지날수록, 그리고 사회 경험이 생기면 생길수록 그렇게 확신했던 것들은 나의 작은 뇌와 제한적인 경험에 기반했을 뿐 호주 워킹홀리데이의 전부는 결코 아니었음을 점차 알게 됐다. 이런 느낌은 자만하지 말고 앞으로 나아가기 위해 더 배우고 노력하는 자세가 필요하다는 걸 알려줬지만, 글쓰기에서는 가끔 '내가 이런 말을 해도 되나? 그럴 자격이 있나?'와 같은 의문을 갖게 했다. 특히 글은 말과 달리 기록으로 남다 보니 안전한 방향으로 글을 쓰게 됐다.

쉽게 말해 조금이라도 논란이 될 만한 내용이라면 시작조차 하지 않거나 단정적인 문장보다는 다른 방법이나 해석도 존재할 수 있는 여지를 줬다. 그런데 말도 이렇게 하면 빙빙 돌려 말한다고 싫어하듯 글도 이렇게 쓰면 읽는 사람으로 하여금 좋은 인상을 남기기 어렵다. 이력과 관계없이 확신 없는 글을 누가 좋아할까.

명확하게 답을 내리기 힘든 문제다. 누군가는 내가 쓴 이야기를 토대로 좋은 경험을 할 수도 있는 것이고, 누군가는 편협한 경험에 기반한 것이라며 읽기를 포기했을 수도 있다. 그러나 그 결과까지 예상하며 무언가를 한다는 건 애초에 불가능한 일이다.

그렇기 때문에 어떤 글을 쓰든 그게 도움이 된다고 생각된다면 일단 적어도 쓰는 사람은 이게 가치가 있다고 믿어야 한다. 책을 낸 경험도 없던 내가 책을 쓰겠다고 생각한 것도 내 경험의 가치를 높게 평가했기 때문에 가능한 일이었다. 확신을 갖기 어려운 이유가 그 글에 어떤 가치도 존재하지 않기 때문이 아니라면, 적어도 쓰는 본인은 이 글이 누군가에겐 도움이 될 수 있다는 생각으로 끝까지 써야 한다. 미흡할지도 모른다는 불안감이 들 때, 그 근거를 찾으려고 한다면 결코 그 불안감에서 벗어날 수 없다.

하찮게 생각하면
하찮은 인생 된다

평소 새로운 사람을 만날 일이 없는 나지만, 최근 새로운 것에 도전하며 여러 사람들을 만날 기회가 생겼다. 새로운 사람을 만날 일이 없다는 건, 자신을 타인에게 소개할 일이 없다는 걸 의미한다. 특히나 일하며 손님으로 만나는 사람이 대부분이므로, 나를 소개해야 할 일도 없었다. 그런데 이번에 만난 사람들과 소통하며 자기소개를 하면서 내가 내 인생을 어떻게 바라보는지 조금은 알게 됐다. 결론부터 말하면 나는 내가 하는 일을 상당히 '하찮게' 보고 있었다.

예정된 일정을 마치고 함께 저녁 식사를 하며 앞서 간단히 스스로를 소개했던 걸 넘어 자세히 어떤 일을 하고 그에 대한 질문을 서로 주고받는 일이 생겼다. 어떤 분은 이름만 말하면 알 수 있는 회사에서 정년까지 근무하고 퇴직 후 새로운 도전을 하고 계셨고, 어떤 분은 자신의 전공과는 상관없는 일을 하고 있지만 그래도 미래를 위해 전문성을 갖추고자 노력하고 계셨다.

그렇게 차례를 돌아 자연스럽게 내 이야기를 하게 되었다. 나는 지금 하는 일을 하기 위해 자격시험도 준비했고 또 나름대로 성공 사례들을 만들어가며 잘 해내고 있다고 생각했는데, 이 모든 게 내 착각이었다. 나는 '그냥 사무실을 작게 하고 있다.' 정도로 이야기했다. 그러나 말하는 태도엔 문제가 있었던 것 같다. 술잔이나 바라보며 말한 내가 위축된 것 같아 보였는지, 옆에 있던 한 분은 전공과 상관없이 시험을 거쳐 그 일을 하고 있는 것 아니냐는 말을 해줬으니 말이다.

자기소개를 할 일이 없다 보니 내가 나의 인생에 대해 어떻게 생각하고 있는지 잘 몰랐다. 그런데 말하다 보니, 나는 내가 한 일을 굉장히 '하찮게' 생각하고 있었다. 그리고 그 일에 시간을 쏟은 내 인생도 하찮게 생각하고 있었다. 그런데 웃긴 점은 평소 나는 어떤 분야의 일이든 '하찮은 일은 없다'라고 생각하고 있단 것이었다.

그렇게 자기소개를 거친 후 내 일과 관련된 질문에 답을 하다 보니, 왜 지금의 일을 선택했고 또 그 과정에서 무엇을 배웠는지 알게 됐다. 그럼에도 불구하고 나는 냉소적인 태도로 누군가가 최선을 다하고 있는 일을 하찮게 생각하고 있었다. 이런 태도는 상당히 오만하기도 하다. 이미 그 일의 가치를 내가 정하고 있다는 뜻이기도 하니 말이다. 작은 뇌와 얼마 안 되는 경험으로 세상일을 모두 재단하고 있으니 그것이 인생에 도움이 될 리가 있나.

일상에 부가가치가 붙는 세상

어떤 책인지 정확히 기억은 나지 않는데, 그 책의 저자는 이제 일상에 부가가치가 붙는 시대라고 했다. 유튜브를 보면 바로 이해할 수 있다. 예전이라면 누가 얼마큼 먹는지, 반려동물이 어떻게 지내는지 등의 콘텐츠에 감정적인 유희를 제외하고 큰 가치를 발견하기 힘들었다. 하지만 유튜브를 통해 다른 사람의 일상을 보며 재미를 찾는 사람이 늘었고, 그에 따라 광고 수입이 발생하면서 일상에 부가가치가 붙는 세상이 찾아왔다.

이는 비단 영상에 국한되지 않는다. 최근 본 《나는 100kg이다》(작은 비버 지음)와 같은 에세이는 하나의 예시가 될 수 있다. 처음엔 책으로 출간할 계획도 전혀 없이 트위터로 자신의 이야기를 업로드했으나 그녀의 콘텐츠에 공감하는 사람들이 늘면서 책으로 출간되었다. 예전엔 경제적인 가치를 찾기 어렵다고 생각했던 부분들이 이렇게 글을 통해 부가가치를 만든 것이다.

하지만 누구나 일상에서 부가가치를 만들어낼 수는 없다. 적어도 글이든 영상이든 업로드할 정도의 분량이 되어야 하고 이를 지속할 수 있어야 한다.

이 부분에서 영상에 비해 글이 가진 장점이 있다. 영상으로는 재미있던 순간이라고 해도 과거라면 이미 지났기에 영상으로 담는 게 쉽지 않다. 연기를 할 사람과 이를 극적으로 연출해 줄 사람을 찾아야 하니 말이다. 하지만 글은 그렇지 않다. 자신이 경험했던 이야기를 풀어내는 데 부담이 덜하다. 그리고 투자되는 것도 크게 없다. 그저 플랫폼을 찾아 시간순으로 정리해 쓰기만 하면 된다.

나 역시 이와 비슷하게 내가 해온 일들 중 많은 사람들이 쉽게 접할 수 있는 사례들 — 일반음식점의 영업정지, 과징금 처분과 같은 — 을 관련 법률 등과 함께 묶어 책으로 냈다.

행정사 사무실을 운영하며 상담하고 서류 작성했던 경험이 있었기에 단순히 사건과 법률만 열거하는 것이 아니라, 사건이 진행되는 절차와 자주 묻는 질문들을 포함시켜 일상 속 상식선에서 알아두더라도 좋을 정도의 수준으로 책을 쓸 수 있었다.

평소 글을 계속 써 온 경험이 있었기에 나는 콘텐츠가 정해진 후 비교적 금방 책을 완성할 수 있었다. 글을 쓰고 싶지만 당장 쓸 콘텐츠가 없다고 생각되는 사람이라면 자신이 지금까지 해온 일들을 써 보는 것도 좋다.

"저는 회사만 오래 다녀서 다른 걸 해본 적이 없는데 어떻게 찾죠?"

이런 질문을 할 수도 있다. 요즘은 과거와 달리 한 곳에서 오래 회사 생활을 경험한 젊은 사람들이 많지 않다. 쉽게 이직을 할 수 있고 일과 여가 시간의 균형을 중요하게 생각하는 사회 분위기 때문이다. 이럴 때 자신이 오래 회사 생활을 했던 경험을 풀어보는 건 신선한 콘텐츠가 될 수 있을 뿐만 아니라, 한곳에서 오래 일하는 가치를 전달해 주는 공익적인 요소도 담길 수 있을 것이다.

일상에서 부가가치를 만들 방법을 찾고 있는 사람이라면 글쓰기도 좋은 방법이 될 수 있다.

AI 시대의 문해력과 작문력

우리나라뿐만 아니라 일본에서도 책 읽는 인구가 줄어들고 있다고 한다. 여러 이유가 있겠지만, 책을 보는 것보다 재밌는 일들이 많고 정보를 취하기 위한 수단으로 책보다 빠르고 효율적인 것들이 등장했기 때문이라고 생각된다. 나 역시 책보다 동영상을 보는 게 재밌고 검색을 통해 원하는 정보만 딱 얻는 것도 나쁘지 않다고 느낀다.

그런데 문제는 이런 방식으로 얻는 정보가 너무 많기 때문인지 휘발성이 상당히 강하다는 점이다. 게다가 정보도 원하는 것만 딱딱 파편적으로 얻다 보니 엄청나게 효율적이지만 체계를 갖추긴 어렵다는 단점도 있었다. 이런 방식은 조금 더 깊은 지식을 얻기 위해 필요한 기본을 갖추고 정리하는 데엔 크게 도움이 되지 않는다. 물론, 이는 전적으로 인터넷 검색이나 영상을 기반으로 정보를 취합할 때 생기는 일이다.

그런 점에서 책을 통해 정보를 얻는 방식은 상당한 이점이 있다. 많은 정보를 체계적으로 서술하고 있으므로 정보를 파편적으로 취합할 가능성이 낮고, 게다가 어떤 주제를 전달하기 위해 논리를 갖추고 있는 경우가 대부분이므로 전달하려는 정보에도 깊이가 존재한다.

책을 통해 얻을 수 있는 이점이 앞으로는 더욱 중요해질 것 같다. 요즘은 이전보다 높은 수준의 AI가 단순한 문답을 넘어 장문의 글까지 작성해 주는 단계에 이르렀기 때문이다. 현존하는 단계에서 이를 사용하는 사람들은 충분히 긴 글을 읽을 수 있는 상태이기에 효율적으로 사용하고 있다고 생각된다. 그런데 스스로 읽고 쓰는 수준이 어느 정도 성숙하지 못한 상태에서 AI에 의존하는 방식은 장기적인 관점에서 오히려 독해력 및 작문력을 퇴화시킬 것이다.

많은 광고에서 AI는 우리의 시간을 절약해 주고 업무의 효율을 높여준다고 말한다. 지금 단계에서 이용하는 사람들에겐 부합하는 설명이다. 하지만 앞으로도 그럴까에 대해서는 앞서 언급한 것처럼 의문이 있다.

인생에 한 번은 에세이 쓰기

나는 걱정이 많은 편이었다. 과장하면 내 인생은 곧 걱정이 아닐까란 생각이 들 정도였다. 지금은 그나마 좀 괜찮아졌지만, 예전의 나는 걱정 그 자체였다. 고등학생 때 전혀 걱정이 줄지 않았음에도 불구하고 우연히 만난 중학교 때 선생님 중 한 분께서 고교 진학 후 얼굴이 밝아졌다고 말할 정도였으니 어렸을 때부터 걱정이 많았던 것 같다.

그렇다고 걱정 하나를 오래 했던 건 아니었다. 매일같이 새로운 걱정을 했다. 그래서 오랜 시간 걱정을 하며 살았는데, 억울하게도 예전에 했던 걱정들이 무엇인지 기억이 나지 않는다. 그날그날 다르게 여러 걱정을 했던 것 같다. 어떤 날은 당장 가까운 미래에 뭐 먹고살지 걱정하다가, 어떤 날엔 언제 그런 걱정을 했냐는 듯 자기계발은 뒤로하고 커피를 마시며 유튜브를 보며 웃었다. 그래서 어떤 걱정을 했는지는 잘 기억나지 않는다.

요즘은 인생을 어떻게 살 것인가를 두고 걱정한다. 어느 정도 살아온 시간이 길어진 만큼 내 인생의 답을 내려야 한다는 생각이 어렴풋하게 들기 시작했다. 되돌아보았을 때 내 삶은 어땠다고 말할 수 있어야 하거나 혹은 남은 인생은 이렇게 살아야겠다는 계획 같은 게 필요하다는 느낌이 든 것이다. 하지만 부끄럽게도 이런 걱정을 고민할 때면 종종 '이게 고민한다고 해결될 문제는 아니다.'라며 외면하며 깊이 생각해 보지 않았다. 대신 책이나 유튜브 영상 등을 통해 조언들을 보며 마음을 그때그때 다잡아 봤다.

그러나 많은 사람들이 강연을 들을 땐 '이제부터 새 삶을 살아야겠다!'라고 다짐하지만, 강연이 끝난 후 어제와 다를 것 없는 하루를 보내는 경우가 많은 것처럼, 주먹구구식으로 다잡은 마음은 금방 흐트러졌다. 이런 시간이 길어지자 내 의지가 부족하기 때문이라 생각했다. 좋은 강연을 듣고 도움이 될 책을 읽어도 행동으로 옮기지 못했기 때문이다.

그런데 이제는 조금 생각이 달라졌다. 진지하게 고민하지 않고 임시방편으로 찾은 답을 행동으로 옮기려 했음을 알게 됐기 때문이다. 진지하게 찾지 않았기에 행동에도 진정성이 없었던 것이다.

나를 돌아보는 과정에서 문제의 관점이 달라진 것이다. 만일 누군가 비슷한 문제로 고민하고 있다면, 본인에 관한 글, 즉 '에세이' 쓰기를 권하고 싶다. 에세이를 쓰는 건 자신을 조금 더 잘 알게 되는 과정이기 때문이다.

에세이는 하나의 주제를 두고 자신의 생각을 글로 풀어 쓰는 것이라고 한다. 다른 누구의 삶도 아닌 본인의 인생을 주제로 지금까지 자신은 어떻게 살아왔고 그 삶을 이제는 어떻게 살아가고 싶은지를 써 보는 것은, 분명히 본인만의 답을 찾는 좋은 방법이 된다. 설사 답을 찾지 못하더라도 본인에게는 엄청난 가치를 지닌 글이 될 것이다.

각자의 인생엔 사연이 있다

행정사 사무소를 운영하면서 하나 배운 게 있다. 바로 어떤 삶이든 내가 보고 있는 것은 그 사람 인생의 단면이지 인생 전체가 아니라는 것이다. 사람들의 이야기를 듣다 보면 정말 생각하지도 못한 일을 겪은 분들도 많다. 그러다 보면 내가 '세상은 ~하다'라고 단정했던 순간이 부끄러워지기도 한다. 이런 과정을 겪으며 지난날 누군가의 삶을 쉽게 평가해 왔던 나의 모습이 떠올라 얼굴이 화끈거리기도 했다. 세상을 다 안다는 오만한 태도가 있었던 것 같다.

그런데 이런 생각도 그저 주의하자는 정도였는데, 직접 경험해 보면서 앞으론 절대 그러면 안 되겠단 마음이 들었던 적이 있었다. 그것도 조금 오래 알았다고 생각한 사람한테 말이다. 별로 생각하고 싶지 않고 지금은 크게 신경 쓰지 않지만, 당시엔 '뭘 안다고 이렇게 쉽게 말하지?'라는 생각이 떠나지 않았다.

직접 경험해 보니 느낌이 달랐다. '어떤 사람의 인생이든 쉽게 말하면 안 되겠다.'란 생각이 바로 들었다. 상대방을 생각해서 하는 이야기라고 할 수도 있지만, 어느 정도 사회 경험이 있는 사람이라면 굳이 그런 말을 꺼내지 않는 게 서로에게 좋지 않을까 한다. 상대방의 사정을 다 알지도 못할 뿐더러 그 사람의 인생을 책임져 줄 것도 아니니 말이다.

그리고 이런 경험을 통해 지금 뭔가 마음에 들지 않는 게 있더라도 굳이 비관적으로 지낼 필요가 없다는 것도 알게 됐다. 인생은 사진처럼 한 장면이 고정되어 있는 게 아니라 영상처럼 특정 시점의 모습들이 연속되는 것임을 느꼈기 때문이다. 걱정할 만한 일이라고 해도 기다리고 참아내면 달라질 수 있다는 생각을 조금은 하게 됐다. 상황이 어렵더라도 침착한 태도를 유지할 수 있는 것은, 삶이 계속 이어진다는 걸 아는 것에서 오는 게 아닐까 한다.

체감할 수 있는 표현이 주는 힘

흔히 인생을 마라톤에 비유한다. 인생은 길고 그 과정에서 일어난 사건으로 일희일비하지 말라는 의미일 것이다. 나 역시 인생은 마라톤이라 생각했기에 지금까지 큰 성과 없는 글쓰기를 지속해 왔는지도 모른다. 계속 붙잡고 쓰면 길게 보였던 마라톤 코스가 끝나듯 막연하게 글쓰기도 끝날 것이라 생각했던 것 같다. 그런데 이번에 한 방송을 보다가 인생을 마라톤에 비유하는 건 어딘가 잘못된 일이란 생각이 들었다.

내가 본 방송은 MBC의 인기 프로그램인 〈나 혼자 산다〉였다. 여기에 기안84 님이 생애 첫 마라톤 풀코스 42.195km를 뛰는 모습이 나온 것이다. 20대부터 달리기를 해왔다고 하는 그는 이번 대회를 위해 매주 연습을 했고 체중도 감량해 왔지만 이 대회 전까지 풀코스를 뛰어 본 적은 없었다. 영상으로만 봐도 엄청나게 고통스러워 보였지만 완주해 냈다. 그가 첫 대회에서 완주해 냈다는 사실도 너무 대단했지만 나를 놀라게 한 건 5시간이란 기준이었다.

나는 이 방송을 보기 전엔 늦더라도 어떻게든 들어오면 마라톤 풀코스를 완주한 것이라 생각했는데 그게 아니었던 것이다. 그건 개인적인 차원의 기준이고, 대회 기준으론 아무리 늦어도 5시간 이내에 들어와야 완주를 한 것이라고 했다. 그러니 인생이 마라톤이고 5시간 내에 완주해야 한다고 생각하면 지금 우리는 여유 없이 계속 뛰어야 한다. 만약에 대회라고 한다면 우리는 아무리 늦어도 1km를 대략 5분 만에 뛰는 속도로 계속 뛰어야 하는 것이다(참고로 지금 기준으로 마라톤을 세계에서 가장 빨리 완주한 사람은 케냐의 '켈빈 키프텀'으로, 2023년 10월 8일 시카고 마라톤 대회에서 2시간 0분 35초라는 엄청난 기록을 세웠다고 한다).

러닝머신 위에서 조금만 뛰어도 숨이 차는 내 입장에서는 1km를 5분에 달리는 속도로 4시간 이상 뛴다는 건 생각하기 어려웠다.

한마디로 보통 일이 아닌 것이다.

인생이든 글쓰기든, 이를 마라톤에 비유하는 생각 자체가 잘못이라는 건 아니다. 하지만 체감조차 하지 못하는 개념으로 어떤 상황을 비유하며 인지하는 건 개인이 행동으로 옮기는 데 전혀 도움이 되지 않을 것 같다. 글쓰기도 마찬가지다. 10만 자 정도 되면 1권의 책이 되므로 하루에 1만 자를 쓸 수 있다면, 10일이면 충분히 채울 수 있다. 하루 1시간에 1천 자를 쓰는 사람이라면, 10시간이면 하루 1만

자를 쓴다. 이렇게 간단히 생각하고 10일 내에 완성하는 사람도 있겠지만 보통은 1시간에 1천 자도 계속 쓰기 어렵다.

평소 꾸준히 일정 분량 이상을 써 온 사람이라면 충분히 가능하겠지만, 그런 경험 없이 단순히 머릿속 계산만을 가지고 접근한다면 하루도 못 가 포기하게 될 것이다. 하지만 100m 달리기처럼 기록은 나쁘더라도 곧바로 경험해 볼 수 있는 일로 글쓰기에 접근한다면 훨씬 현실성 있는 일로 다가올 수 있다. 하루에 1만 자가 아니라 1천 자를 목표로 써 보는 것이다. 오전에 시간을 들여 써 보면 몇백 자라도 쓸 수 있는 나를 발견할 수 있을 것이고 1천 자 정도면 할 만하다는 생각을 할 수 있다.

막연히 많이 쓰는 표현으로 자신이 해야 할 일을 묘사하는 것보다, 가늠할 수 있는 일로 해야 할 일을 비유해 본다면 지금까지 하지 못했던 일을 시작 정도는 할 수 있지 않을까 생각해 본다.

사이 글

글 쓰길 잘했네, 강연도 하고

지난 2022년 작가가 된 후 처음으로 300명 정도 되는 중학생들 앞에서 강연을 했다. 주제는 '진로'였다. 강연 시간은 90분이 주어졌고 여기엔 쉬는 시간 5~10분 정도가 포함되어 있었다. 대학생 때부터 사람들 앞에 서서 이야기하는 걸 좋아했기 때문에 첫 강연이었지만 시간에 대한 부담감은 없었다. 게다가 강연을 하는 건 내가 원했던 나의 모습 중 하나였기 때문에 반가운 기회였다.

하지만 하나 우려되는 게 있었다. '진로' 선택에 도움이 될 정보를 제공해 줘야 하는데 작가로서 나의 위치는 좀 애매했기 때문이다. 솔직히 나는 내 커리어가 성공적이라고 말하긴 어려움이 있었고 그게 강연에 대한 자신감을 꺾고 있었다. 그래도 다행인 것은 진로 선택에 도움이 될 수 있는 이야기를 꼭 그 분야에서 성공한 사람만 해줄 수 있는 건 아니라는 점이었다. 그래서 나는 내가 할 때 호소력 있는 내용이면서 동시에 학생들에게도 도움이 될 이야기를 해주고 싶었다. 그래서 유명 유튜버나 블로거도 아니면서 책을 낼 수 있었던 나의 경험을 토대로 진로 선택 정보와

더불어 학생들이 현 위치에서도 글을 쓸 수 있는 방법을 전해주자는 결론을 내렸다.

내가 이런 결론을 내린 이유는 글재주가 없고 특별하지 않았음에도 출판사와 계약했던 경험이 있기 때문이었다. 나의 첫 책은 《백만 원으로 호주 워킹홀리데이 다녀오기》로, 여기엔 호주 워킹홀리데이를 가기 전에 준비할 내용, 현지에서 일자리를 구하기 위한 방법, 혼자 영어 공부 하는 방법 등이 담겨 있다. 그리고 한국인으로 현지 어학원에서 TESOL 자격을 취득한 후 해당 어학원에서 인턴 강사로 일했던 독특한 경험도 담겨 있다.

한시적으로 신청할 수 있는 워킹홀리데이 비자라는 특수성과 한국인으로 현지 어학원에서 인턴 강사로 일한 경험과 같이 특이한 경험이 있었기에 책 한번 써 보지 않았던 대학생이던 내가 부족하지만 책을 낼 수 있었던 것이다.

그때 집필하면서 나는 재밌었고 크게 스트레스도 받지 않았다. 이유는 호주에 다녀온 지 얼마 지나지 않았기에 경험한 것들을 풀어내기만 하면 됐기 때문이다. 지금은 워킹홀리데이 기억도 잘 나지 않고 기억나는 일도 그때만큼 생생히 묘사할 자신도 없었다.

바로 이 점에 착안해 학생들도 바로 도전해 볼 수 있는 소재를 던졌다. 바로 중학교 3학년이라는 다시 오지 않을 시기에 학생들이 바라보는 시선으로 사회든 나 자신이든 이야기를 풀어내 보라는 것이었다. 공교육을 받을 상황이 못 되는 사람이 아니라면 모두 중학교 3학년이라는 시기를 지나지만, 그때의 생생한 감상은 곧 사라지기 때문이다. 게다가 요즘은 '브런치'와 같이 조금씩 계속 기록할 수 있는 좋은 글쓰기 플랫폼도 있기에 한 번에 책이라고 부를 정도의 분량을 써야 하는 것도 아니니 도전하지 않을 이유가 없다고 생각했다.

학생들에게 얼마나 도움이 되었을지는 모르겠으나, 나는 그날 꽤나 많은 학생들에게 질문을 받았다. 오전에 1회, 오후에 1회 강연을 했는데 오후에는 더 많은 학생들이 질문을 남겨 강연 시간을 줄여야 할 정도였으니 학생들에게 도움이 되었다고 봐도 괜찮지 않을까.

강연이 끝나고 나를 섭외해 주신 선생님과 짧게 이야기를 나눌 기회가 있었는데, 선생님께서는 내가 짧게 '브런치'를 통해 연재했던 글을 보고 연락하셨다고 했다. 내가 냈던 책들이 유명하진 않았으나 내가 쓴 흔적들이 남아 이렇게 강연의 기회도 얻을 수 있었던 것이다. 나처럼 글재주가 부족한 사람으로 글쓰기를 시작했다면, 원하는 바를 얻을 때까지 조금 시간이 많이 필요할지도!

4.
반성

극적인 순간을 기다리는 이에게 그 순간은 결코 오지 않는다

영화나 드라마를 보면서 내 인생도 저렇게 됐으면 하는 마음이 들기도 한다. 주로 극적인 순간들에서 그런 인상을 받는다. 어려운 상황에서 포기하지 않고 성공에 이르는 순간, 이뤄지지 않을 것 같은 사랑이 이뤄지는 순간 등 모습은 다양하지만 우리 인생에도 이런 일들이 있었으면 하는 감정을 불러일으킨다는 점에서 극적인 순간에는 공통점이 있다.

하지만 인생에 극적인 순간을 기다리는 사람에게는 극적인 순간이 찾아오지 않을 것이다. 이는 '극적'이라는 말의 정의를 살펴보면 이해할 수 있다. '극적'이라는 말은, "극을 보는 것처럼 큰 긴장이나 감동을 불러일으키는 것"(표준국어대사전 참조)이라는 의미를 갖고 있는데, 이는 다분히 주관적인 측면이 존재한다. 어떤 사람은 사소한 일도 '극적'으로 느낄 수 있지만 반대의 경우도 존재하기 때문이다. 그렇기에 극적인 순간을 기다리는 사람이라면 자신이 '극적'이라고 느끼는 것이 무엇인지를 생각해 볼 필요가 있다.

지금까지 사소한 일이라고 치부했던 것들이 존재할 수 없을, 혹은 일어나지 못할 가능성이 존재한다는 점을 생각해 보면 인생에서 '극적'이지 않은 일은 없을지도 모른다.

내가 극적인 순간을 기다리는 이에게 극적인 순간이 오지 않는다고 하는 또 다른 이유는, 누군가 보기에 극적인 일을 해내는 사람에겐 그런 서사가 이미 존재하기 때문이다. 흔히 모두가 안 될 것이라고 하거나 가능성이 거의 없다고 점쳐지는 일들을 이뤄내는 건 극적이지만, 이런 시도를 하고 해내는 사람은 이미 그에 부합하는 준비를 했을 것이다.

이런 사람들에겐 해냈다는 결과보다 모두가 안 될 것이라고 한 그 일에 기꺼이 시도한 순간과 그 말을 들어가면서도 과정을 포기하지 않은 그 시간이 더 극적일 것이다. 그렇기에 이런 이유로 나는 극적인 순간을 기다리는 사람에겐 결코 그런 순간은 오지 않는다고 생각한다.

인생의 모든 순간을 극적으로 받아들일 필요는 없다. 감정을 크게 느끼고 그에 심취해 동요하는 것에도 큰 에너지가 소모되니 말이다. 하지만 내 인생엔 극적인 순간이 없다며 지루하다고 느끼는 것은 큰 문제다. 자신이 그런 지루함을 느끼는 그 순간이 여러 이유로 존재하지 않았을 수 있다는 점을 간과하고 일상에 감사함을 느끼지 못한 것이기 되기 때문이다. 반복되고 지루하다고 느끼는 그런 일상에도 극적인 순간은 늘 가까이에 있다.

무책임한 낙관주의

앞으로 자기 인생이 더 나아질 거라고 생각하는 게 좋다고 말하는 사람이 많다. 비관적인 것보단 낙관적으로 생각하는 편이 인생에 도움이 된다는 것이다. 이 말에 크게 의심을 한다거나 반박하는 사람은 별로 없을 것 같다. 나도 낙관적으로 사는 게 좋다고 본다.

그런데 나는 나이가 들수록 이 말을 경계해야 한다고 생각한다. 낙관적인 말은 어떤 것도 책임져 주지 않기 때문이다. 특히 성인이 되고 다른 사람과의 관계 속에서 자신이 한 일은 스스로 책임져야 할 때가 되었을 때부터는 더욱 주의가 필요하다.

그래서 어떤 사람들은 애초에 낙관주의를 믿지 않기도 한다. 오히려 낙관주의로 살면 세상을 모른다, 현실을 모른다고 이야기한다. 이들의 태도는 세상을 낙관적으로 바라보는 것에 어떤 '책임'도 부담하지 않는다는 것에서 기인한다.

이와 관련해 나는 비슷한 견지에서 과거 〈영화가 말하지 않는 성공이야기〉라는 글을 쓰기도 했다. 타인이 전하는 단편적이고 극적인 연출이 된 정보를 보고 그것이 전부라고 생각하지 말라는 뜻이었다. 다른 사람의 이야기를 듣고 힘을 내는 건 좋지만 결국 지속하고 끝까지 해내기 위해서는 다른 사람의 목소리가 아닌 자신의 목소리를 들어야 한다. 내면의 목소리를 듣고 그 말에 반박하고 논리를 만들어가며 종국에 가선 스스로를 설득할 수 있을 때 흔들리지 않고 지속할 수 있다고 생각하기 때문이다.

어떤 책임도 지지 않는 무책임한 낙관주의는 그래서 경계해야 한다.

읽어도 남는 게 없는 독서에 지쳤다면

누군가의 사업에 조언을 해줘야 하는 컨설팅 회사의 특성상 낯선 분야에 대한 공부를 수시로 해야 할 수밖에 없을 것이다. 그런 점에서 지식의 확장을 원하는 사람이라면 컨설팅 회사에 일하는 사람들이 읽는 독서하는 방법에 대해서 생각해 볼 필요가 있다. 지식의 확장을 원하는 게 아니라 독서를 통해 깊이 생각하는 법을 배우고 싶다면 비교적 두꺼운 책을 읽는 게 도움이 될 것이다.

이처럼 목적에 따라 책의 선택, 읽는 방법 등이 달라야 할 필요가 있다. 물론, 목적이 다르다고 해도 책 읽기에 어려움이 없는 사람이라면 평소처럼 정독하는 것으로 충분할지도 모른다. 하지만 시간 대비 효율은 조금 떨어질 수 있다.

내가 이렇게 책 읽기와 목적에 대해 이야기하는 이유는 막연하게 '독서는 좋은 것'이란 생각으로 책을 읽게 될 경우 시간 대비 얻는 게 별로 없을 수 있기 때문이다. 이런 경우 '읽어도 남는 게 없다'라며 얼마 지나지 않아 책 읽기를 그만둘 가능성이 높다.

만약 독서를 하고 싶지만 읽어도 남는 게 없다는 생각이 들어 그만뒀다면, 주제를 설정해 읽는 게 좋다. 자기계발을 목적으로 읽고자 한다면, 그중에서도 언어 습관에 대한 것인지, 인간 심리에 대한 것인지 등을 정하여 관련 도서를 읽어 나가는 것이다. 한 권을 읽을 때는 별로 머리에 남은 게 없을 수 있지만, 같은 주제의 다른 도서를 읽어 나간다면 명확히 남는 부분이 있게 된다.

나는 이것보다 더 좋은 방법은, 나만의 책을 만들어 간다는 생각으로 주제를 설정하여 읽는 것이라 생각한다. 나만을 위한 책을 쓴다는 생각으로 기획서를 만들어 보고 그 안에 들어갈 내용을 고민한 후 그에 필요한 책을 읽는 것이다. 공부할 때도 마찬가지지만 수동적으로 받아들이기만 하는 것은 기억에 남지도 않을 뿐만 아니라 활용하지 않을 가능성도 높다.

그러나 나만을 위한 책을 만든다는 생각으로 주제를 설정하고 필요한 내용을 찾아 읽어 내려간다면 수동적인 독서가 아닌 능동적인 독서가 될 것이고, 주제에 따라 다르겠지만 다른 사람들을 위한 저작물이 될 수도 있다. 독서하는 습관도 만들 수 있고, 알고 싶었던 주제에 대해 능동적으로 지식을 흡수할 수 있을 뿐만 아니라 더 나아가 한 권의 책도 될 수 있는 일석삼조의 효과가 있는 것이다.

읽어도 기억에 남는 게 없어 독서를 포기하고 싶다면 자신만의 주제를 설정해 그에 따른 저작물을 만든다는 생각으로 능동적인 독서를 해보는 것도 좋을 것 같다.

인생이 틀에 박힌 것 같다면,
뭔가에 중독된 것인지도?

나는 요즘 스마트폰에 중독되어 있다. 의미 없이 자주 운영하는 블로그를 들락날락한다. 그러고는 SNS로 웃긴 영상이 없는지 찾는다. 그런 시간이 길어질수록, 조금만 틈이 생기면 핸드폰을 꺼내어 유튜브를 켜기 바쁘다. 스마트폰에 너무 많은 시간을 쏟는다는 생각이 들었을 때엔 '남은 시간'이라고 스스로에게 변명했지만, 점점 그 시간이 늘면 늘었지 줄어들지 않았다. 심지어 자기 전엔 무조건 핸드폰을 켜고 웃긴 영상을 찾아다녔다.

약간의 문제의식은 갖고 있었지만 주변을 둘러보면 남들도 다 그렇게 사는 것 같았기에 크게 신경 쓰지 않고 지냈다. 그런데 내가 해야 할 일 이외에 글쓰기 등 자기계발에 쏟아야 할 시간에도 스마트폰을 쓰기 시작하니 인생이 계속 제자리에 머무는 느낌이 들었다. 하지만 나는 벗어나지 못했다.

내가 시도한 것은 스마트폰 대신 운동을 하거나 공부를 하려고 했다. 강제로 하루 일과를 조금 더 만들면 스마트폰을 할 시간이 줄어들 거라 생각한 것이다. 하지만 공부를 하면서도 스마트폰에 자꾸 손이 갔고 운동은 시작도 안 했다. 그렇게 중독에서 벗어나지 못하고 나니 더 큰 문제가 생겼다. '다들 이렇게 살고 나도 일상에 큰 지장 없는데 너무 신경 쓰지 말자.'라며 합리화하기 시작한 것이다.

그러다 정말 다행스럽게도 최근엔 중독 상태가 많이 줄어들게 됐다. '스마트폰'으로 본 전자책의 내용 덕분이었다. 그 책은 중독을 다루고 있진 않았으나, 중독에 대해 어떤 틀에서 벗어나지 못하는 상태라고 설명했는데 이 표현이 내게 큰 도움이 됐다. 나처럼 스마트폰에 중독된 사람이라면, 일상에서 스마트폰에 소비하는 시간이 고정적으로 존재하니 다른 활동을 할 시간이 줄어들기 때문에 결국 최소한의 할 것들만 하고 나머지는 스마트폰을 하니 다른 활동을 할 수 없는 '틀'이 만들어진다는 뜻이었다. 여기에 중독된 것이 많으면 많을수록 중독된 것 이외에 쏟을 시간이 줄어드니 자연스럽게 인생은 더 확고한 틀에 박히게 된다고 설명했다.

내 일상이 계속 반복된다는 느낌을 받은 것도, 변화가 이뤄지지 않는 것도 스마트폰 중독으로 변화에 쏟을 시간이 줄어드니 당연한 결과였다. 문제의식은 있지만 바뀌지 못하고 중독된 상태로 살다 보니 내 인생에 만족도가 떨어졌고 자연스럽게 내가 끊어낼 수 있을 거란 믿음도 사라졌다.

그러나 틀에 박힌다는 표현 때문인지, 나는 지금 내 일상에 대해 잠시 생각할 시간을 가져봤다. 그땐 내가 스마트폰을 왜 계속 열어 볼까를 생각하진 않았다. 대신 중독된 내 모습을, 나의 하루를 제삼자가 된 것처럼 바라보면 어떨까란 생각을 잠시 해봤다. 그랬더니 24시간이 너무나 길었고, 스마트폰은 내가 중독된 상태를 인지하기 위한 시간을 삭제시키고 있었다. 게다가 운동이나 공부를 하자는 것도, 솔직히 고민하기 싫으니 '대충 이런 거 하면 좋겠지.'라며 '빨리 정하고 유튜브나 보자.'라는 마음이 깔려 있었을 것이다.

변화는 원하지만 인생이 틀에 박힌 것처럼 반복되고 있다면 자신이 뭔가에 중독된 건 아닌지 점검해 볼 필요가 있는 것 같다.

도전하는, 노력하는 '모습'에 취하지 말자

요즘에는 도전이나 노력으로 인생을 망칠 수도 있을 것 같다. 도전이나 노력하는 모습에 취해 결과를 얻지 못하고 이것저것 계속 도전하고 노력하는 인생을 살기 쉽기 때문이다. 도전이나 노력에 박수를 보내는 건, 결과를 얻지 못할 수도 있지만 잃을 것을 각오하고 끝까지 해보겠다는 그 용기를 인정하기 때문이다. 그리고 진정으로 이러한 시도를 하는 사람들은 결코 타인의 인정만으로 도전과 노력을 포기하지 않는다. 결과를 얻기 위해 하는 것이지 누군가로부터 찬사를 받기 위함이 아니기 때문이다.

게다가 결과를 제외한다면 사실 도전이나 노력은 누구나 할 수 있는 일이기에 그렇게 인정받을 일도 아니다. 그럼에도 불구하고 요즘은 SNS 때문인지 이런 행위를 하고 있는 모습에 취하기 쉬운 것 같다.

'저 이런 도전을 하고자 합니다.', '저는 이만큼 노력했습니다.'라고 하면 SNS를 통해 연결된 사람들로부터 너무 쉽게 '인정' 욕구를 채워버리게 되니 어려운 길을 걸을 필요가 없기 때문이다. 이미 감정적으로 충분한 보상을 받은 사람이 결과가 나올 때까지 노력하는 어려운 길을 계속 고수하긴 어려울 것이다.

이런 기분 좋은 느낌은 1회에 그치지 않을 것이고, 도전하거나 노력하는 영역을 넓혀가면서 결과는 얻지 못한 채 계속 시도하는 자신의 모습을 보여주기만 할 것이다. 그런 사이에 시간은 흘러갈 것이고 어떤 것도 제대로 하지 못한 채 도전하거나 노력하는 자신에 취한 상태로 살아가게 될지도 모른다.

언젠가는 괜찮은 순간이 올 거란 기대를 하고 있다면

'잘하는 척하다 보면 잘하게 된다.'처럼 어떤 척을 하다 보면 정말 그렇게 된다는 표현이 있다. 못해도 잘한다고 생각하고 하다 보면 더 많이 시도하게 될 것이고 그러다 보면 잘하는 순간이 온다는 의미다. 이런 '척'은 발전을 위해 꽤나 괜찮은 방법이라 생각된다.

그런데 최근 배우 고준의 세바시 강연(인생에서 '오버액팅'하지 않는 법)을 보고 '척' 중에서도 자신의 문제점과 현실을 인정하지 않기 위한 '괜찮은 척'은 문제가 있다는 생각을 하게 됐다.

* 연기에서 오버액팅이란, 감정의 크기에 비해 행동이 너무 큰 것을 뜻한다.

강연에서 그는 서울예술대학교 영화과에 진학하였지만 20대 내내 오디션에서 떨어지기만 했다고 말했다. 문제가 무엇이었을까. 영화과는 특성상 영어가 많이 사용되는데 학업을 등한시했기에 영어가 부담스러워 수업에 잘 참여하지 않았고 그대로 20대를 보냈기 때문이었다. 그러면서도 그는 언젠가는 될 거라는 생각으로 하루하루 고통스럽게 버텼다고 했다.

그런 그에게 기회가 찾아온 것은 30대가 된 후 7년 동안 칩거하며 자신이 연기하는 모습을 직접 보고 단점을 수정했기 때문에 가능한 일이었다. 그는 30대의 10년은 20대의 10년처럼 고통스럽긴 했지만 하루하루 자신의 단점이 보완되는, 성장하는 기분으로 지냈다고 했다.

괜찮은 척만을 하며 현실을 외면하고 단점을 극복하지 않기 위해 '언젠간 될 거야.'라는 생각만 했다면 지금의 배우 고준은 없었을 것이다. 15분의 짧은 강연이었으나, 괜찮은 척하며 문제를 외면하려 했던 내 모습이 계속 생각나 보기 힘들었다.

특히 언젠가는 되겠지라고 생각하며 하루하루 버텼지만 잘 안됐다는 그의 20대 이야기가 상당히 괴로웠다. 사람은 누구나 자신의 인생을 스스로 책임지고자 할 때 비로소 성장하는 것인데, 고통스러운 순간이 있을 때면 다른 생각을 하며 현실에서 벗어나고자 했던 순간들이 떠올랐기 때문이다. 그러면서 하루의 끝자락에선 '언젠가는 되겠지.'라는 막연한 기대를 하며 불편한 마음을 달래기나 했다.

오늘 또 괜찮은 척하며 하루를 보낼 것 같은 분들이라면, 진짜 문제에 대해 외면하고 있는 것은 아닌지 고민해 보면 좋을 것 같다.

포기가 빠른 이유, 결과를 인정하고 싶지 않은 비겁함

나는 학창 시절부터 포기가 빠른 편이었다. 성인이 된 이후에는 많이 나아졌지만 여전히 포기가 빠르다는 이야기를 가끔씩 듣곤 했다. 지금처럼 글을 꾸준히 쓴다거나 아니면 작품을 계속 써온다는 건 과거의 내겐 있을 수 없는 일이었다. 하지만 요즘 다시 나는 포기가 빨라지고 있다.

'그거? ×× 때문에 안 될 것 같아.'
'오늘은 되는 일이 없네, 그만해야겠다.'
'될 일이었으면 될 기미라도 보였겠지.'

수도 없이 많은 이유와 설명을 붙이며 나는 포기했다. 그렇게 계속 포기를 하다 보니 과거와 달리 여러 선택지 중 포기에 좀 더 가까이 붙어버린 기분이다. 상황은 나아지지 않고 하고 싶었던 것도 점차 멀어지는데 포기만 가까워진 것 같다. 자주 봐서 그런가 포기가 어색하지 않고 원래 포기하는 사람처럼 느껴지기까지 했다. 이제는 '할 거면 진즉 했어야지, 지금은 늦었으니 포기하자.'라는 내면의 소리도 들린다.

더 이상은 안 될 것 같아 글을 쓰다가 단 1페이지도 제대로 쓰지 못하고 유튜브를 켜는 모습에, 나는 왜 이렇게 포기가 빠른 것일까 생각해 보게 됐다. 잠깐 딴 길로 새는 것이 아니라, 어차피 끝까지 못할 것 같으니 다른 일이나 하자는 생각으로 유튜브를 켜고 있었기에 생각해 보게 됐다.

다음과 같은 여러 가지 이유가 있었다.

'이미 늦은 것 같다.', '해봐야 안 될 것 같다.', '끝까지 못할 것 같다.' 등.

그런데 표현에서 알 수 있듯 이미 결정 난 게 아니다. '~한 것 같다'라고 추측에 근거해서 판단했다. 그런 이유를 붙이는 데는 원인이 있을 거라 생각했다. 내가 생각한 가장 큰 문제는 무엇 하나라도 부족하면 하고 싶지 않다고 생각하는 것이었다.

A라는 음식을 만들고 싶은데 재료 중 하나인 B가 없다고 해서 대체재를 찾을 생각도 하지 않고 그냥 포기하는 심리와 비슷한 것이다. 할 수 있는데 완벽하지 않으니 그냥 하지 않겠다고 하는 것이다. 여기에 상처받고 싶지 않다는 마음도 컸다. 그러면서도 완벽하게 해낼 수 없으니 결과도 좋지 못할 것이라고 먼저 결론 내는 이유는 가능성을 남겨두고 싶은 약간은 얍삽한 마음 때문이었다. '그게 부족해서 안

했던 거지, 있었으면 했다.'라는 식의 핑계를 대는 것이다.

이러한 비겁한 태도와 관련해 경각심을 갖게 된 건, 이번에 제임스 앨런의 책 《위대한 생각의 힘》을 보았는데, 이 책에는 다음과 같은 내용이 있었기 때문이다.

"사람은 생각을 비밀스럽게 간직할 수 있다고 믿지만 그것은 불가능하다. 생각은 습관으로 구체화되며 버릇은 상황으로 고착된다. (중략) 두려움, 의심 그리고 우유부단한 생각은 유약하고 비겁하고 결단력 없는 습관으로 나타나고 실패와 빈곤과 노예처럼 예속된 상황에 빠지게 만든다."

나의 비겁함이 밖으로 표출되지 않을 거라 생각했지만 대부분 다 알고 있다. 완벽하지 않으니 시작하지 않겠다거나 결과를 받아들일 자신이 없어 도망 다니기 위한 행동을 한다면 그런 일이 더 자주 발생하게 된다는 걸 기억해야 한다.

내려놓는 순간 동력은 사라진다

내 인생엔 몇 년 전부터 선택은 해놓고 마무리를 하지 못하는 일들이 늘어나고 있다. 단편소설 쓰기도 그렇고, 운동도 그렇고 분야를 가리지 않고 마무리가 되지 않고 있다. 원인은 생각만 하고 행동으로 옮기지 않았기 때문이다. 행동으로 옮기지 않고 그럼 뭘 했느냐가 중요할 텐데, 난 핸드폰으로 영상이나 봤고 의미 없는 주제들로 떠들기나 했다. 그냥 외면하고 싶은 것이었다.

솔직히 이렇게 지내도 얼마간은 괜찮은 듯했다. 사람이 늘 의지대로 움직일 수만은 없다면서 스트레스받지 말자고 생각했다. 그런데 이런 식으로 하나둘씩 내려놓다 보니 오히려 생각이 정말 많아졌다.

'내가 진짜로 원하는 게 아니라서 그런 건 아닐까?'
'비현실적인 목표는 아닐까?'

너무 많은 생각이 지나갔다. 생각하는 동안 시간도 함께 지나갔다. 그런데 웃긴 점은 다음 날이 되면 또 같은 생각을 하고 있다는 것이다. 한마디로 생각만 하면서 시간을 보냈다는 뜻이다. 달라지는 것도 없고 시간만 보냈으니 답답하고 스트레스만 쌓여갔다. 그리고 무엇보다 나에 대한 신퇴도가 바닥을 향해갔다.

언제까지 답을 내려보겠다는 계획도 없고, 어디서 정보를 찾겠다는 의지도 없으며, 지나간 시간과 어제와 다를 것 없이 같은 고민을 하고 있는 내게 짜증만 쌓여갔다. 그런데 이런 시간이 지속되니 내가 해결해야 함에도 불구하고 누군가 해결해 주길 바라고 있었다. 갑자기 영화처럼 어디선가 나의 문제를 해결해 줄 극적인 일이 생기길 바라고 있었다.

참 한심한 일이다. 그런데 이런 사실을 알면서도 이상하게 힘이 나지 않았다. 글을 쓰든, 공부를 하든, 책을 보든 뭐라도 하나씩 다시 하면 되는 것인데 몸이 너무 무겁게 느껴졌고 집중도 안 됐다. 내려놓다 보니 다시 하나씩 궤도로 올리는 데 더 많은 힘이 들기 시작한 것이다. 외면해 놓고는 스트레스받는다며 내려놨더니 다시 시작하는 건 몇 배나 힘들었다. 아예 못할 것 같은 기분도 들었다.

동력을 잃어버린 것이다. 하기 싫은 일이라고 해도 일단 다른 선택지가 없다면 하면서 고민해야 하는데 고민하겠다고 해 놓고 손을 놔버리니 시작할 힘도 잃어버리고 말았다. 그래서 선택한 것들 중 가장 쉬운 '독서'부터 다시 하는 중이다. 그마저도 쉽지 않음을 느끼는 중이다. 내려놓으면 다시 시작할 수 있을 것 같은 일들도 동력을 잃으면 시작조차 버거운 법이다.

손쉽게 달성하는 SNS를 통한 인정 욕구

지난해 나는 단편소설을 써 보자는 계획을 세웠으나 달성하지 못했다. 계획도 했고 시작도 했지만 결국 완성에 이르지 못했다. 이유를 분석해 보니 시간 배분 문제가 컸다. 글을 처음 쓰는 것도 아닌데 어째서 이런 일이 생겼는지 의아한 마음이 들었다. 지금까지 이번처럼 제대로 써 보지도 못하고 한 해를 넘긴 적이 없었기 때문이다.

나는 글을 쓰긴 했는데, 단편소설이 아닌 블로그나 브런치에 썼다. 이해가 안 됐다. 블로그나 브런치에 쓰는 글은 계획적으로 업로드해야 하는 것도 아니기 때문에 우선순위에 둘 이유가 없다. 문제는 인정 욕구에 있었다. 단편소설을 완성하기까지 소요되는 시간은 브런치나 블로그에 업로드하는 글에 비해 오래 걸린다. 그리고 초고가 완성되었다고 끝나는 게 아니라 퇴고도 해야 하니 손이 많이 간다. 스스로 만족하고 외부로부터 작품이 있다는 인정을 받기까지 시간이 오래 걸리고 더 많은 노력을 해야 하는 것이다.

그에 반해 블로그나 브런치는 짧은 시간, 적은 노력으로도 스스로 뭔가를 썼다는 만족감을 느낄 수 있었다. 여기에 공감 등을 통해 손쉽게 인정 욕구를 달성할 수 있었다. 재밌는 단편소설을 만들겠다는 목적도 있지만, 작품을 통해 인정받고 싶은 마음도 큰데 그걸 작지만 쉽게 얻을 수 있는 글쓰기를 통해 충족해 버리니 제대로 글을 쓰지 않은 것이었다.

나는 비단 글쓰기뿐만 아니라 외부에서든 내부에서든 인정 욕구가 강한 사람이라면 SNS로 채워지는 손쉬운 만족감을 경계해야 한다고 생각한다. 정말 타인이든 스스로든 인정할 정도의 무언가를 이루려면 시간과 노력이 필요하다. 그리고 이 두 가지를 모두 투입했음에도 불구하고 어떤 인정도 받지 못할 수 있다는 불안함도 극복할 단단한 마음이 필요하다.

지난해에 나는 시간도 노력도 들이고 싶지 않고 불안함도 겪지 않아도 되는 손쉬운 길을 선택했고, 그 결과 목표했던 단편소설은 완성도 못 했다. 내가 이런 상황을 원했을까. 결코 아니다. SNS는 홍보도 할 수 있고 기회를 잡을 교류도 가능한 좋은 도구이지만, 손쉽게 얻는 애매한 인정을 통해 성장을 방해하기도 한다는 점을 생각해 볼 필요가 있다.

누구에게나 무너지는 순간은 온다

진로와 관련해 판단하기 어려운 것 중 하나가 '변화'와 '유지'를 결정하는 일이다. 하고 싶은 일이 있는데 계속 시도했지만 결과가 나오지 않을 때, 오랜 시간 한 것 같은데 사회에서 인정받지 못할 때 등 인생은 길어졌는데 그 삶을 함께할 일을 결정하는 건 더욱 어려워졌다.

어떤 사람들은 안 되는 일을 붙잡고 있는 것은 자기 객관화가 되지 않았기 때문이라고 하지만, 어떤 사람은 아직 시기가 오지 않았을 뿐 더 노력하다 보면 빛을 볼 날이 올 거라고 말하기도 한다. 어느 것이 맞고 어느 것은 틀렸다고 할 수 없다. 근거가 있기 때문이다. 하지만 대부분은 더 할지 말지 명확히 판단조차 하기 힘들다.

나 또한 더 해야 할지 그만해야 할지와 같은 고민을 많이 한다. 얼마 전까지는 '이런 고민을 40대를 바라보는 나이에 하는 게 맞을까?'란 생각도 했지만, 이제는 덜 하고 있다. 이런 의문은 '내 생각'이 아니라는 걸 알게 됐기 때문이다. 다른 사람의 그럴듯해 보이는 좋은 생각을 제대로 납득하지도 못하는 내가 맞다고 생각하니, 현재에 집중하지도 못할 뿐만 아니라 앞으로 나아가는 기분도 들지 않았다. 스스로 답을 내릴 생각은 하지 않고 남의 생각을 차용했을 뿐이다.

이제는 고민에 빠르게 답을 내리는 것만이 능사가 아니라는 걸 안다. 적어도 반복되는 고민이라면 그냥 빠르고 명확한 답은 없다고 느낀다. 있다면 좋겠지만, 그런 건 대개 내 생각이 아니다. 명확히 판단할 수 있는 기준을 세우고 나만의 생각을 갖는 건 책 몇 권 읽고 조금 공부했다고 생기는 건 아닌 것 같다. 깨우치고 안다고 생각해도 내 것이 아닌 일은 진짜 문제 앞에서 무너지기 마련이다.

인생을 두고 쉽지 않다고 말하는 이유는 여기에 있지 않을까. 내 삶인데 내가 어떻게 중심을 잡아야 할지 모르고 내 생각이 뭔지 모르는 것, 그리고 이런 혼란스러움이 먹고 사는 문제와 결부되어 현실이 되었을 때 고통이 무엇인지 알기 때문에 시간이 가도 인생은 쉬워지지 않는 것 같다.

'무명' 상태도 중독이다

참 부끄럽지만 지금까지 책을 쓰며 진심으로 내 책이 잘될 거라고 생각했던 적은 별로 없었던 것 같다. 소재나 글 자체가 마음에 들지 않았던 건 아니며, 그렇다고 무명인 상태가 좋아서 그런 건 더더욱 아니었다. 그리고 잘될 거라고 생각하지 않는 게 좋은 태도라고 생각하지도 않는다. 그럼에도 불구하고 나는 꽤나 오랜 시간 동안 기대를 하지 않았다. 왜 이런 마음 상태로 지냈는지 깊게 생각해 보지도 않았고 그저 나름대로 계획해 열심히 만들면 거기서 만족했다.

좋은 작품이면 알아서 인기를 끌겠지란 생각 때문이었을까? 나는 나에게 좀 더 솔직해져 보니 그 이유가 가능성의 상태에 놓여 있는 게 편하기 때문이라는 답을 내렸다. 작가로서 가능성이 없다고 평가받는 것보단 '난 언젠간 잘될 수도 있어.'라는 약간의 가능성의 상태로 남는 게 안전하다고 생각한 것이다. 작품을 대중이 볼 수 있도록 내놓았다면 그에 대한 평가, 호불호는 당연한 일인데 그 당연한 일들이 두려웠던 것 같다.

'지금까지 9권이나 썼으면서 문장력이 좋지 않네.'
'그 정도면 그만해야 하는 거 아니야?'

그렇게 나는 평가받아야 할 작품을 내놓으면서 희한하게도 그 평가를 오랜 시간 회피하고 있는 중이다. 이는 초고를 쓴 시점에도 종종 나타났다. 난 책을 기획하고 초고를 쓴 후 준비한 책에 대해서도 다소 거침없이 가까운 친구와 이야기하는 편인데, 그런 대화에서도 나는 책이 잘될 것 같진 않다고 먼저 말한 적이 많기 때문이다. 당연히 앞서 언급한 것처럼 두려웠기 때문이다.

무명이란 뭘까?

아직 유명세를 얻기 전이라는 말로는 불충분하다. 내가 생각할 때 무명이란, 언젠간 잘될 것이라는 기대를 할 것 같지만 진지하게 기대하지 않는 상태가 무명이다. 그리고 이런 무명 상태도 중독이다. 중독이라고 할 것까지 있을까 싶기도 하지만 무명이니까 용서되는 일들을 생각해 보면 그렇지도 않다.

'첫 책이니까 그럴 수 있어.'
'이 정도는 넘어가도 괜찮겠지.'

한마디로 진짜 프로의 세계에선 절대 통용되지 않을 것들을 '무명이니까 그럴 수 있어.'라며 넘기는 것이다. 이런 생각을 하며 글을 쓰는 사람이 진정 작가라고 할 수 있을까? 이런 점에서 절대적이라고 할 순 없겠으나, 글쓰기를 업으로 생각하고 있는 사람이거나 좋은 작품을 만들 계획을 갖고 있는 사람이라면 스스로를 프로라고 생각하고 대가를 기대하며 쓰는 게 어느 정도는 필요하다.

내가 오랜 시간 갖고 있던 무명이니까 괜찮겠지라는 식의 태도는 평가에서 자유롭다고 하지만 사실 스스로를 괴롭히는 일이다. 이런 태도에 대해 일침을 가한 좋은 문장이 있다. 《웹소설 작가 서바이벌 가이드》(김휘빈 지음)라는 책에 나온 내용이다.

"자신의 욕망에 대해서 외피적인 태도를 가지지 않았으면 좋겠다. "조회 수 100만 넘었으면 좋겠다(하지만 그렇게 될 리가 없지 하하)." 같은 태도를 말하는 것이다. '작가 A처럼 인기 많았으면 좋겠다.', '해외에도 출간됐으면 좋겠다.' 같은 소망을 분명 가지고 있으면서 "내 주제에 무슨." 같은 말로 회피하지 말자. 정말 포기했다면 모를까 누가 비웃을까 봐 부끄러워서, 달성하지 못하면 상처받을까 봐 자기 마음을 배신하면서 아닌 척 눈을 돌려 봤자 괴로움이 덜해지지는 않는다."

포기한 것도 아니면서 결과에 체념한 듯 보이지만 결국은 자신의 작품에 대한 평가를 정면에서 마주할 자신이 없어서 애매하게 걸쳐 있는 태도는 김휘빈 저자가 말하듯 스스로를 더 괴롭히는 일이다. 그러니 당당히 쓰고 평가받자. 무명도 중독이다.

나가는 글

에세이를 쓰겠다고 생각하고 처음 쓴 글은 나를 '작가'라고 스스로 인정할 수 있는가에 대한 질문의 답이었다. 작가의 사전적 의미는 "문학 작품, 사진, 그림, 조각 따위의 예술품을 창작하는 사람"(표준국어대사전 참조)으로 누구나 문학, 그림 등을 창작하고 있다면 작가라고 할 수 있다. 하지만 작가라고 소개하는 사람에게는 단순히 창작하고 있는 것을 넘어 어느 정도의 인정이 요구되며 이를 위해 자신의 출간 작품이나 수상 이력을 소개하곤 한다. 그런데 내가 9권의 책을 출간하고 10년 넘게 글을 써 왔으면서도 스스로를 '작가'라고 인정할 수 있는가에 대해 질문을 던진 건 애매하기 때문이었다.

나는 내가 인정하지 않아도 외부에서 충분한 인정을 받고 있다고 볼 수도 없었고, 그렇다고 스스로를 작가라고 인정하고 있는지도 의문스러운 상태였다. 그렇게 나는 이 에세이를 시작하며 처음으로 글을 통해 나의 작가로서의 정체성을 고민해 보게 된 것 같다. 다행스럽게도 큰 결실이 없음에도 지난 10년 동안 포기하지 않고 해왔기 때문인지 의문에 대한 답이 긍정적으로 나올 수 있도록 하는 외부적 요인들이 존재했다. 그리고 지금 보고 있는 에세이의 마지막 페이지를 쓸 수 있었다.

어떤 일이든 기준을 높이는 건 중요하다. 하지만 만일 그 기준에 맞지 않는다는 이유로 시작조차 하지 못하는 상태라면, 그 기준이 시작을 막을 만큼 중요한 것인가 하는 질문을 던져야만 한다.

그동안 누군가 글을 써 보고 싶다고 하면, 안 쓰는 것보다는 쓰는 게 좋다며 다소 교과서 같은 답을 했던 것 같다. 그러나 이 에세이를 쓰는 과정에서 평소 내 생각이 어디를 향하고 있는지 돌아보게 되었고, 또 그 자체가 하나의 작품이 될 수 있다는 느낌을 받아보니 인생에 꼭 한 번은 자신을 위한 에세이를 써 볼 것을 권하고 싶어졌다. 분명히 누구도 해줄 수 없는 진짜 본인만을 위한 글이 나올 거라 확신한다.

끝으로 진부할 수도 있고 특별할 것 없는 무명작가의 긴 글을 함께해 준 것에 감사드린다.

참고 자료

1. 《가려워서 미치겠어요》, 정진호, 해냄출판사.
2. 《운명에 만약은 없다》, 노상진, 쌤앤파커스.
3. "뇌과학으로 보는 감정", 브레인 편집부, 2013. 5. 23., 브레인미디어, https://www.brainmedia.co.kr/BrainScience/11693
4. 《미스터리한 이방인》, 마크 트웨인, 책읽는귀족.
5. "일상어 숫자만큼이 딱 당신의 세계", 석길암, 2013. 9. 13., 세종포스트, http://www.sjpost.co.kr/news/articleView.html?idxno=6816#:~:text=%EC%8B%A4%EC%A0%9C%EB%A1%9C%20%EC%9D%BC%EC%83%81%EC%83%9D%ED%99%9C%EC%97%90%20%EC%82%AC%EC%9A%A9,%EB%82%B4%EC%99%B8%EB%A5%BC%20%EB%84%98%EC%A7%80%20%EC%95%8A%EB%8A%94%20%EA%B2%83%EC%9D%B4%EB%8B%A4.
6. 《일류로 만드는 운의 공식: '운'을 내 편으로 만드는 15가지 공식》, 사이토 다카시, 드림셀러.
7. 《인생을 바꾸는 말 인생을 망치는 말》, 아리카와 마유미, 프롬북스.
8. 《당신은 사업가입니까》, 캐럴 로스, 알에이치코리아.
9. "인생에서 오버액팅하지 않는 법", 고준, 세바시 강연.
10. 《위대한 생각의 힘》, 제임스 앨런, 문예출판사.
11. 《웹소설 작가 서바이벌 가이드》, 김휘빈, 이마.